# 女儿青春期，爸妈要懂的沟通技巧

彭清清◎著

中国纺织出版社有限公司

## 内 容 提 要

很多父母与青春期女孩沟通，不是责备，就是命令，结果女孩压根儿半句都没听进去，这不是在沟通，而只会让亲子关系越来越疏远。

本书阐述了亲子关系中最核心的问题“关系大于一切”，通过剖析女孩叛逆、脆弱、敏感、学习、观念、社交、生理等因素，让父母与女儿之间保持一个和谐、尊重、有爱的亲子关系，引导女孩打开心扉。这样父母才能顺利与之沟通，帮助女孩顺利走过青春期。

**图书在版编目（CIP）数据**

女儿青春期，爸妈要懂的沟通技巧 / 彭清清著. --北京：中国纺织出版社有限公司，2020.11

ISBN 978-7-5180-7754-0

Ⅰ.①女… Ⅱ.①彭… Ⅲ.①青春期—家庭教育 Ⅳ.①G782

中国版本图书馆CIP数据核字（2020）第148073号

---

责任编辑：闫　星　　责任校对：高　涵　　责任印制：储志伟

---

中国纺织出版社有限公司出版发行

地址：北京市朝阳区百子湾东里A407号楼　邮政编码：100124

销售电话：010—67004422　传真：010—87155801

http://www.c-textilep.com

中国纺织出版社天猫旗舰店

官方微博http://weibo.com/2119887771

三河市延风印装有限公司印刷　　各地新华书店经销

2020年11月第1版第1次印刷

开本：880×1230　1/32　印张：7.5

字数：126千字　定价：29.80元

---

# 前言

人们常说，青春期是心理问题成堆的时期，解决这些问题，一方面需要青春期女孩自身的心理调节，另一方面需要父母的关心和疏导。对女孩来说，青春期是一个极其关键的时期，此阶段女孩的内心是敏感的、叛逆的，父母只有了解青春期女孩的叛逆心理，才可以对症下药。

青春期女孩经常会说“再也不要什么事都管我了”。大多数父母都遇到过，跟女孩说什么她都不听，反正就是要和父母对着干。从表面上看，尽管青春期女孩已经是一个小大人了，不过由于她们的心理和生理并未发展成熟，所以在这一阶段容易情绪化。青春期的女孩有喜怒哀乐情绪时，一般不会选择向父母表达，而是经常会抱怨父母不理解自己。在这一阶段，有的父母会做出激烈的行为，比如总是追问、训斥，这些都会加重女孩的逆反情绪。

了解青春期女孩的生理和心理特点，是与其和谐沟通的基础。当女孩年龄较小时，她很喜欢依赖父母，把父母当榜样。当女孩进入青春期之后，最明显的特点就是生理方面快速发生变化，产生“我是成年人”的感觉。在心理方面，由于自我意识的快速发展，青春期女孩在这一阶段进入心理断乳期，从心理上要求摆脱父母、渴望独立，要求自己能够被当作成年人，同时希望自己的愿望和人格得到充分的尊重。处于这一阶段的青春期女孩，尤其反感父母的过分关心、说教，容易产生逆反心理。

面对青春期女孩身心的变化，父母应把爱女儿的重点放在帮助她完成从女孩到成年人的转变上。女孩呈现出心理断乳期的倾向，父母应该接纳，因为这意味着她们在走向成熟。所以，在这一阶段，父母要鼓励女孩自主独立，不要采取简单、粗暴的方式，而是因势利导，引导女儿走出叛逆的消极面，采用平等对话的方式，让女孩把心里话说出来，充分利用女孩的想法，与女孩一起商量、处理，听取、征求女儿的意见；当女孩遇到困难和失败时，应该多鼓励和安慰，及时给予赞扬；若是父母自己犯了错，也要勇敢承认，努力改正。

著者

2020年1月

# 目录

# 第1章

## 青春期女孩的迷茫：拨开迷雾，让阳光照进来

青春是一个多么令人迷恋的字眼，当人们进入暮年之后，总会回忆起自己的青春。然而，青春又是夹杂着淡淡苦涩的，少男少女们在青春期由童年的稚嫩一步步迈向成熟的大门，在这个成长阶段里不论是他们的身体还是情感，甚至人生观、世界观等各方面都会受到不小的挑战。

## 小大人心理，想拥有独立的世界

当女孩进入青春期之后，父母总会发现女孩变了，变得不爱跟自己说话了，变得沉默了，变得不那么听话了，总而言之，跟过去不太一样了。女孩突然而来的变化让父母措手不及，又感到毫无办法。其实，进入青春期的女孩在生理、心理上都会发生很大的变化，他们开始渴求脱离父母，喜欢独立成长，他们想拥有自己独立的世界，那种小大人的心理是父母难以理解的。

青春期对于女孩的成长来说是一个明显的分水岭，尽管她们看上去还是一个女孩，但内心却渴望长大，竭力想摆脱父母的管教，不希望被父母当作小女孩，渴求有独立的人格，希望得到父母的接纳、理解和尊重。同时，为了更好地独立成长，他们希望获得某些权利，找到新的行为标准并转换社会角色。在这个过程中，一旦女孩自主意识受到阻碍，人格发展受到限制，就会滋生叛逆情绪。而且，由于这些女孩缺乏社会经验，自我生活能力也比较差，还不能完全摆脱父母，所以她们内心会产生各种各样的困惑与焦虑。

在这一阶段，父母需要冷静对待。首先，应该接纳女孩生理及心理的变化，尤其是心理方面的变化，尊重女孩自由成长的规律。不管女孩身上出现什么样的不同，那都是成长过程中呈现出的正常现象。其次，父母不能像对几岁小朋友那样直接干预女孩的生活，以及不要总跟女孩以“你不能这样”的口吻说话，这是女孩比较反感的说话方式。父母应该从思想入手，增进亲子沟通，否则女孩就很容易出现叛逆心理，甚至产生敌对情绪。

许多父母总是过分关心女孩的事情，当女孩在青春期出现了异常行为，他们表现得比女孩还紧张；当女孩犯了错误，他们也觉得自己有很大的责任。于是，父母与女孩之间形成一种相互依赖的关系，女孩在物质生活上依赖父母，父母在精神生

活方面依赖女孩。当女孩处于青春期阶段时，如果父母用成年人功利的价值取向要求女孩决定取舍，一旦女孩发展无法满足自己的期许时，就会产生教育职能被剥夺的焦虑。

父母总担心女孩成长过程中出现不好的现象，所以对女孩过分保护。这样要么导致女孩对父母的指引全盘肯定，产生强烈的依赖思想，行为懒惰，完全没办法选择适合自己的生活方式；要么导致女孩对父母的要求全盘否定，从而陷入盲目的亲子敌对关系中，强化青春期的叛逆心理。此外，父母无法认同女孩的辨别能力，自以为是地侵入女孩的私人空间，这样给女孩的感觉是自我形象低下，他们会觉得父母根本不理解自己，从而激化亲子矛盾。

月月从小跟妈妈关系特别好，有什么话也喜欢跟妈妈说，不管是学校里发生的大小事，还是自己内心的变化，她对妈妈都知无不言，妈妈一直觉得女儿就像自己的小棉袄一样，亲子关系温馨而美好。

但自从月月上了初中之后，这种情况就开始有变化了。月月开始不太喜欢跟妈妈说话了，每当妈妈主动问："最近学校又发生什么好玩的事情了吗？"月月便会淡淡地说："没有，跟平时并没有什么两样。"妈妈有时会主动问："今天在学校过得开心吗？"月月会没好气地说："天天学习，我都没有时间想今天到底是开心还是不开心。"听月月这样说，妈妈知道再问下去也无济于事，便再也不问了。

月月虽然不跟妈妈聊天，但她喜欢跟同龄的表姐聊天。到了假期，两姊妹就叽叽喳喳地聊个不停，“三班那个男生很帅呀”“对呀对呀，我特别喜欢看他打篮球的样子”“你不知道，整个年级的女生都对他着迷了”……模糊地听着这些话，妈妈觉得很担心，月月到了情窦初开的年纪了，可别把时间浪费在这些无谓的事情上。

于是，妈妈抽个时间，严肃地跟月月说：“丫头，你现在正是需要学习的年纪，可别因为其他事情耽误学习。”月月惊讶地说：“妈妈，你说什么，我一直认真学习，你别疑神疑鬼，行不行？”妈妈继续说：“那你整天瞎琢磨那些男生的事情干什么？”一听这话，月月就生气了：“妈妈，你说什么呀，我哪有，你这样真的很烦耶……”

父母总自以为很了解女孩，以为女孩还跟两三岁时一样可以被自己牢牢掌握在手中。他们没有想到的是，女孩已经长大了，他们已经有了自己的思想，再也不是那个每件事都需要跟父母汇报的小女孩了。所以，当女孩身心呈现出想要一种独立的自由状态时，父母应该做的就是尊重和理解。

## 小贴士

### 1.女孩需要独立

父母与女孩并非捆绑在一起的整体，而是各自具有独立人格的个体，谁都没有必要为了另一个而牺牲自己，也不能把自己的主观意志强加给对方。当女孩处于成长阶段中，父母与女孩之间应保持适当的心理距离，别以为是父母就可以随意入侵女孩的私人空间。要知道，父母不能始终陪伴在女孩身边，为她人生大小事情选择做主。青春期的女孩需要独立，逐渐培养独立的人格，这也是为了未来可以尽快适应社会。

### 2.与女孩多沟通

当青春期的女孩想要摆脱父母、渴求独立生活时，如何引导他们才是问题的关键。当务之急就是要与女孩做好沟通工作，与其建立和谐良好的亲子关系，别忽视女孩的存在，也不能随意批评或强迫，这样的行为会伤害女孩的自尊心。

### 3.不要横向比较女孩

有的父母总喜欢拿自己女孩的短处与别的女孩的长处做比较，这会引起女孩强烈的抗拒心理。假如当众管教女孩，那她的逆反心理会更强烈。父母只有多鼓励和表扬女孩，才能拉近彼此之间的亲子关系。

### 4.鼓励女孩自己做主

通常女孩的自主性包括独立性、主动性和创造性，这些是女孩走向未来的可贵品质。在日常生活中父母要有意识地培养女孩的自主意识，鼓励女孩自己拿主意，允许女孩偶尔做一些不明智但安全的决定，并引导女孩从错误中吸取教训。

### 5.爱是不需要条件的

大部分父母自以为很伟大，对女孩的爱也是无私付出的，但实际上这样的爱真的没有附加条件吗？父母总嚷嚷：“你看我多辛苦地工作赚钱养你，你当然要努力学习才对得起我。”这会让女孩觉得父母的爱果然是有条件的。父母要非常信任女孩。有的父母总希望随时监视女孩，了解她所有的事情，了解她的一举一动，这会让女孩非常反感，从而破坏了亲子之间的信任和关系。

### 6.让女孩自由呼吸

虽然一些备受冷落的女孩希望得到父母的关爱，但渴望获得自由的青春期女孩却希望可以自由呼吸，父母太过深沉的爱让女孩无法自由呼吸。对女孩渴望自由的心理，父母要给予尊重和理解，不要想方设法控制她，与其牢牢看住她，不如沉下心来帮助她找出人生的价值观，以平等的方式改变或转移她在乎的东西，让她产生推动自己的行为。

## 孤独的女孩，渴望被理解

女孩是孤独的，她们内心十分渴求被人理解。尤其是当她们进入青春期之后，她们就有一种感觉：自己长大了，成熟了，希望父母能把自己当大人。青春期是女孩们的第二次心理断乳期，这一阶段她们感到异常孤独，总会在日记本里写下这样的字眼：“好像所有人都不理解我”“我感觉十分孤独”“好像这个世界就只剩下我了，没人跟我站在一边”。青春期的女孩会感到十分孤独，那是因为这个阶段是女孩向成人转变的过渡阶段，在这个阶段，女孩们需要不断思考关于自己和社会的繁杂信息，最后才可以确定自己的生活目标，所以这一阶段她们是孤独的。

进入青春期的女孩往往不知道自己真正想要的东西是什么，不知道自己想做什么，能做什么，未来自己会成为什么样的人。随着青春期的到来，女孩们被赋予的角色一下子丰富了，在家里，是父母的孩子；在学校，是需要学习的学生；在同学眼中，想要成为被人接纳和肯定的人。女孩需要在不同的环境中扮演好相应的角色，这并不是一件十分轻松的事情，但是她们又希望表现得十分独立和成熟。所以她们的心里开始出现矛盾：一方面十分需要与别人讨论和交流，另一方面又不愿意敞开心扉。

女孩小学时非常活泼，一到假期就到处跑，不是去乡下外婆家玩，就是去表姐家玩，反正就不喜欢待在家里。父母为此感到很头疼，爸爸甚至发出戒令：作业没做完，哪里也不许去。这时女孩少不了感到委屈，常常因父母不允许自己出去玩而伤心。

但是上了初中之后，女孩完全变了，不喜欢出门了。有时亲戚家里有聚会，妈妈软磨硬泡：“走嘛，跟妈妈一起出去一趟。”女孩总会说：“哎呀，不想去，去了也没什么好玩的，不如在家玩电脑。”女孩一下子从喜欢玩变成了宅女，父母又开始头疼了。

女孩进入青春期，会感觉到许多烦恼，比如父母的关心不再像过去那样能够打动心扉了，反而觉得非常唠叨；老师在她们心中似乎也失去了往日的威信，自己做什么事情都无法得到他人的理解；哪怕是平时关系挺好的同学，现在也不会那么亲密无间、无话不谈了。这样一来自己总是一肚子的忧伤，这到底应该跟谁诉说呢？难道这个青春期，自己注定就是孤独的吗？

与此相对的是，父母在这一阶段也会有所察觉，女孩已经不再是过去的样子了，以前天真无邪什么事情都可以说上一大堆，现在却不想说一句话。尤其是长大之后，把自己内心世界完全封闭，不再跟父母说心里话。

心理学家认为，青春期的女孩是孤独的。德国心理学家斯普兰格说：“没有谁比青年人从他们孤独小房里用更加憧憬的目光远眺窗外世界了，没有谁比青年在深沉的寂寞中更加渴望接触和理解外部世界了。”

那种内心滋生出来的孤独感是青春期女孩自我意识发展的一种表现，随着年龄的增长、社会经验的丰富和自我探索的深入，青春期女孩会逐渐收获一种熟悉自己、对自己有信心、有掌控感的感觉，这时她们就可以独立思考，喜欢交流了。

## 小贴士

### 1.女孩的自我意识

一旦女孩进入青春期，随之而来的是逐渐增强的自我意识，她们慢慢开始在意身边人对自己的看法，会产生许多奇怪的想法以及充满着对未来美好生活的向往。然而，这些想法在父母看来是相当幼稚，甚至是异想天开的。一旦父母把自己的想法反馈给女孩，女孩无法得到认同，为了不受到父母的斥责，她们便将自己的内心想法封存起来，不再跟父母诉说，采用较为直接的表达方式如沉默来应对。

因此，面对女孩身心的变化，父母需要遵循女孩的心理特征，避免对其严加管制，这样只会引起女孩想摆脱管理的抵触心理。在平时生活中，父母要多多观察女孩的心理状态，用平等、协商的口吻，疏导、引导的方法，避免使用训斥、命令和强迫的方法对待女孩。

### 2.引导女孩化解孤独

当女孩感到孤独的时候，父母可以引导女孩使用“情绪分解法”，让女孩把生活和学习中遇到的压力和困难写出来，让女孩自己发现其中的问题所在，只要一个个解决问题，那些所谓的压力和孤独，就可以慢慢化解。

### 3.哭一下也没什么

心理学家认为，哭可以缓解压力与孤独。心理学家曾给一些成年人测验血压，然后按照正常血压和高血压编成两组，分别询问对方是否哭泣过。结果大部分血压正常的人都说他们偶尔哭泣，而那些血压较高的人却说自己从不哭泣。当女孩因为什么事情而感到苦闷时，父母可以鼓励其大声哭出来，从而达到宣泄情绪的目的。

### 4.鼓励女孩多阅读有益书籍

当女孩喜欢上读书，便会把孤独抛至脑后。女孩在书的世界里遨游，所有忧愁、孤独和悲伤便会被甩在脑后，一切烟消云散。平时父母需要鼓励女孩多读书，因为读书可以让她在潜移默化中慢慢变得心胸开阔，气量豁达，不害怕压力与孤独。

## 她喜欢将秘密写入日记里

青春期的女孩每天都在快速成长，身体心理日渐成熟，但她的心理状态还非常不稳定。女孩们以为自己已经是成年人，渴望人格独立，面对父母的询问常常以沉默态度回应，开始偷偷写日记，就算偶尔与同学打电话也避开父母，平时很少有时间跟父母闲聊，每天都宅在家里，看起来闷闷不乐。

女孩这样的情况让父母感到担忧，他们总想知道女孩为什么跟过去不太一样了，他们常常会胡思乱想，担心女孩因缺乏辨别力和免疫力误入歧途。当女孩不愿意开口交谈的时候，父母认为了解女孩心理状态及交友情况的最佳办法就是看日记。

然而，青春期的女孩长大了，有主见了，于是开始渴望拥有自己的私人空间，渴望过独立自主的生活，更希望得到别人的尊重和信任。对于生活和学习中遇到的问题，她们喜欢独自思考，由于内心所想无处诉说，她们就喜欢将秘密写入日记里。

而且，在这一阶段的女孩因其所接受的教育，已经明白未成年人不愿意公开的日记应属于个人隐私的范围，并且对于个人隐私她们相当看重。因此如果父母有偷看日记的行为，女孩便会觉得这是侵犯了自己的隐私，最终会造成双方关系紧张。

不知道什么时候开始，妈妈发现女孩房间里的抽屉上锁了，这才想起来前些天女孩问："妈妈，我房间抽屉里的钥匙呢，我想锁一下。"当时妈妈还额外问了一句："你有什么贵重的东西，还需要给抽屉上锁吗？"女孩回应说："你不会懂的。"看着上锁的抽屉，想想最近越来越不喜欢说话的女孩，妈妈觉得这里面藏有秘密。

摸着备用的钥匙，妈妈想打开看看，但想了想又放下了。晚上，一家人一起吃饭的时候，妈妈特别关心地问女孩："你最近看起来闷闷不乐，怎么了，学校的生活不开心吗？"女孩努力挤出笑容："没事啊，我能有什么事。"看着女孩不愿意说话的样子，妈妈也不再说话了。等第二天女孩出门了，妈妈拿着备用钥匙打开了抽屉，看到了一本日记，妈妈忍不住翻

开。原来，女孩最近跟好朋友闹别扭了，理由是朋友背着自己说坏话，女孩感觉被骗了，最近很伤心。妈妈终于明白女孩为什么最近状态不对了，她决定找个合适的机会跟女孩聊聊。

好不容易等到女孩心情好点的时候，妈妈开口谈起自己读书时跟朋友的一些趣事和矛盾，女孩听得津津有味，妈妈说完后对女孩说："你跟好朋友也闹别扭了吧。"女孩一听这话，脸色不对了，问："你怎么知道？难道你偷看我日记了？我不是告诉过你，那是我的隐私，你怎么随意侵犯我的私人空间？"

在案例中，妈妈就算担心女孩，也不能以此为理由去偷看女孩的日记。青春期女孩喜欢在日记里表达自己的苦恼很正常，父母不应该见风就是雨，而应选择合适的时机因势利导。现在的青春期女孩有了写日记的习惯，而且喜欢藏在自己的房间里，有的甚至上了密码锁。女孩有心事不说，父母忧虑又不敢多问，那父母与女孩之间就会产生隔阂，认为女孩在逃避着什么。于是，父母挖空了心思想去了解女孩在想什么，偷看女孩的日记就是一个途径，结果这种行为让女孩自尊心很受伤，亲子矛盾也会加剧。

小贴士

1.女孩需要独立的精神空间

对于女孩在青春期的变化，父母需要给予尊重，避免用强迫、指责等消极方式对待女孩，而是尽可能给她一个独立的精神空间。平时生活中，父母需要花时间和精力去聆听女孩的心声，走进女孩的世界，积极发现女孩的优点，并表达发自内心的赞扬。如果女孩的行为确实需要批评，也需要选择在私底下进行。父母要花精力去了解女孩的需要，和女孩进行思想、感情、生活体验等各方面的沟通，这样女孩心里有事肯定也愿意告诉父母。

2.增进亲子感情

女孩在青春期有较强的独立意识，父母可以利用吃饭等一家人围坐在一起的时候，一起回忆女孩小时候的趣事，这样有助于女孩建立对父母的亲近感和信任感。周末与女孩一起逛街时，父母需要淡化自己长辈的身份，尽可能让女孩带着自己玩，让女孩感到自己也可以对父母产生影响，从而缩短彼此之间的代沟，这样女孩才愿意对父母说出心里话。

3.关注女孩的学习生活

父母要经常关注女孩的学习生活，一旦发现女孩有什么不一样的行为时，可以通过学校老师了解情况，并请他们帮忙做女孩的工作。女孩遇到困难时，心理肯定会产生一些变化，而这些变化很容易表现在女孩的神情举止上。父母如果关心女孩，就会很容易察觉到她心情上的变化，从而与她进行沟通并解决问题，这时就无须通过翻看女孩日记来了解她了。

### 4.别偷看女孩的日记

即便很想了解女孩的情况，也别做出偷看女孩日记的行为。如果女孩发现你在偷看她的日记，就会降低甚至失去对你的信任，从而不利于她的健康成长。如果父母实在不小心看了女孩的日记，当女孩质问时也要说实话，并真诚道歉。如果女孩想和父母交流就说出自己的想法，相信女孩会理解的。如果父母与女孩之间有一定的透明度，女孩有机会向父母展示自己，有机会请父母帮助自己，那才是教育的上策。

### 5.尊重女孩的隐私

父母要充分尊重女孩，不要野蛮地控制她。侵犯女孩的隐私，只会造成她对人性的敏感，排挤周围人，情绪上容易波动。女孩不愿意被控制的心理，会让她不停地反抗，回避问题，从而与外界隔离，这样下去父母就没办法与女孩交流，从而失去女孩的信任。

### 6.给女孩心理上的关爱

父母要从心理上理解和支持女孩，心理上的关爱是父母给女孩最大的财富，适当地给女孩一定的空间，让她能自己解决问题，这也是锻炼女孩独立面对问题的一种方式。

## 你的唠叨，让女孩耳朵“磨”出老茧

唠叨，基本上表现为机械地重复陈词滥调，类似的话反复说很多遍，而且几乎是每天都在说，就好像一只讨厌的苍蝇一般。父母的唠叨，直听得女孩耳朵“磨”出老茧，身心也被折磨得急躁不安。这容易使女孩心烦意乱，没办法进入正常的学习状态。而且，父母唠叨的内容大部分指向的是女孩的弱点和缺点，没完没了的数落和冷嘲热讽，大多是“不许这样”“不要那样”等等，让女孩感觉到不受尊重。

而且，父母过分的唠叨会让女孩产生自我保护式的逆反心理，她们会消极对抗、沉默不语，甚至与父母针锋相对。心理学家认为，没有十全十美的女孩，也没有十全十美的父母，假如父母苛求完美，唠叨个没完，让女孩感到厌烦，结果父母说什么，女孩根本听不进去。

欣欣跟同学们抱怨：“我妈妈是不是早更了，年纪轻轻一天话好多啊，天天都在我身边唠叨。”同学深有感触地点点头：“可不是，我觉得我妈也是这样，就添衣服这样的小事，她可以从我早上起来说到我出门，如果我觉得天气不冷不需要加衣服，她就会给我打电话。中午我回去吃午饭，她还要继续说，从衣服说到感冒，说到身体，说到自己不容易，我还不听话。我至于嘛，这天气本来就不冷，就因为没听她的话加一件衣服，就上纲上线说我不听话，对不起她的付出。”欣欣点点头：“就是这样，真不知道她一天哪来那么多精力，还总说自己工作如何如何辛苦，既然辛苦就不要那么唠叨啦，我这么大了，好多事情都已经不需要她操心了，她还依然当我是小女孩，总是逮着一件事就说很多，我真的快被老妈烦死了。”同学附和：“哎呀，真的是啊，我还不是，天天都不想见我妈妈，我一见她，她肯定要问作业做完了吗、最近考试了吗、成绩是不是又下降了……”欣欣点点头，一想到回家要面对妈妈的唠叨就变得很忧伤。

心理学家认为，父母总反反复复说同样的话，会让女孩产生一种习惯性的模糊听觉。即明明在听，却怎么也听不进心里去，这是长时间重复听同样的声音而产生的一种心理上的不在乎。重复性的唠叨只会让女孩心烦，同时对父母的唠叨产生依赖感。渐渐地，父母不唠叨，女孩的事情就做不好；而批评性唠叨容易加重女孩的心理负担，让女孩对自己越来越缺乏信心，甚至产生强烈的逆反心理；随意性的唠叨会让女孩养成注意力不集中的习惯，女孩对需要记住的事情也经常当成耳边风。

尽管父母有责任对子女的不当言行及思想进行批评教育，不过一定要注意形式，不要没完没了地唠叨。因为唠叨不仅起不到效果，反而会产生许多负面的影响。

### 小贴士

#### 1.开口前理智思考

父母在对女孩进行说教时，切勿信口开河。比如，规定女孩做好作业再开饭，有的父母尽管讲出去了，但又担心女孩肚子饿，就会说出“你饿不饿？”“快吃快吃，饭都凉了。你到底还想不想吃饭？”这样自相矛盾的话。这样会使孩子感到父母“说话不算数，没有威望”。所以，父母在开口前要经过一番理智的思考，不能信口开河。

#### 2.别对一件事反复强调

尽管父母喜欢对女孩讲话，不过许多并没有说到点子上。如果对每件事情都反复强调叮嘱反而搞得家庭上下不得安宁，父母为女孩不听话而生气，女孩在繁杂的语言环境中安不下心来做功课，结果往往是适得其反。

#### 3.别大声呵斥

父母多和女孩说悄悄话，尽量放低音量，这是家庭关系和谐的一个重要因素，同时可以避免气氛恶化。假如让女孩做什么事情，可以用亲切的语言在她身边轻轻地告诉她，特别是对于年纪较小的女孩。事实上，悄悄的一句话比大声呵斥的作用大得多。

#### 4.适量指导女孩的行为

父母的指导言简意赅、亲切，对鼓励女孩独立处理问题是一种促进，被指导的女孩情绪稳定，心情愉快。而唠叨带有责怪、警告的成分，经常对女孩表现出不尊重和不信任。唠叨让女孩厌倦、反感、苦闷，会让女孩形成行为惰性，不说几次，女孩就不会去做，这是一种恶性循环。

## 乖巧少女秒变暴躁女

处于青春期的女孩，经常会表现得缺乏耐性、脾气暴躁，甚至对同学、父母或者老师都有一些冒犯性的言行举止。为什么一个本来乖巧的少女会变成这样呢？许多相关研究人士经过研究发现，这其实是一个完全正常的生理现象，主要原因是女孩的中枢神经系统处于高速生长的阶段。

一些脑神经科学家们曾经对11岁左右的女孩进行了实验，证明这一时期的女孩在感知、情绪等方面作出的错误判断最多，大约7年之后，也就是基本完成生理发育的时候，她们才能比较准确地判断感情。

丁丁最近感觉就像吃了火药一样，脾气很坏，动不动就发火。虽然有时候，她想着极力克制，但还是忍不住把那些话说了出来。这天晚上，已经快九点半了，丁丁还守着电视看，妈妈过来说了一句："丁丁，怎么还不去睡觉，明天还要上学呢，早点睡觉。"丁丁显得很不耐烦："我自己知道，看个电视也要管，真是。”“哎，这女孩，越大脾气越坏……”妈妈还没有说完，爸爸就把她拉了出去，小声跟她说：“她正处于青春叛逆期，不要管她，你越说她越有劲。”“唉。”妈妈长长叹了口气，坐在沙发上的丁丁觉得自己刚才的话有点重，但她又觉得不知道如何跟妈妈道歉，干脆直接关了电视，回自己房间去了。

躺在床上，丁丁想着自己近来的状况，也不知道是怎么回事。自从上了高中，老师天天说着高考、大学的事情，耳朵都听出茧子来了。每当老师说这些的时候，丁丁就觉得有股火气在身体里到处窜，旁边丽丽不小心碰了她一下，她就脸色阴沉地说：“你没有长眼睛吗？没有看见我正在写作业。”丽丽有些不好意思：“对不起嘛。”丁丁看着丽丽无辜的眼神，后悔

自己乱发火，她低下头整理书本来掩饰自己的情绪。每次都是这样，丁丁想着自己，突然觉得很陌生了。以前的自己从来不是这样的，对谁说话都是有说有笑的，出了名的好脾气，连爸妈都夸自己很有礼貌。可现在呢，不但对自己的同桌发火，回家了对爸妈说话也是那副样子。想着想着，困意袭来，她在床上睡着了。

第二天早上，丁丁看见正在厨房忙碌的妈妈，心里觉得很羞愧，一个人待在那里了。这时候，爸爸走过来说："怎么愣在这里了？赶快洗漱吃早饭吧。"丁丁低着头去了卫生间，待了大半天才出来，拿着桌子上的早餐就出门了。走出家门的丁丁显得更加羞愧，自己连跟妈妈道歉的勇气都没有，她恨不得打自己两巴掌。

当女孩还处于青春期的时候，对一些情感的判断与成年人明显不同。青春期的女孩正处于大脑前额叶皮层发育的阶段，大量的神经连接正处于"改造"之中，而大脑前额叶皮层对感情、道德等情绪有影响，并负责产生行动的神经冲动。

另外，前额叶皮层是大脑最后发育的部分，发育过程伴随整个青春期。所以，这直接导致了青春期女孩有感情判断失常、举止暴躁等表现。这样的情况是正常的，不要为此感到困扰，只要女孩能够顺利度过这一阶段，那么就会一切恢复正常了。

**小贴士**

### 1.控制不住情绪

许多女孩进入青春期以后，发现自己长大了，也发现自己变了。她会经常无缘无故地忧愁，经常容易生气，越来越不满意父母的管制，有时候为了一点点小事情就大发脾气。其实，那并不是自己的本意，自己明明知道这些话会伤害到别人，但是还是克制不住，说过之后马上就后悔了。时间长了，性格越来越怪异，脾气也越来越不好了。

### 2.容易冲动

其实，在青春期，女孩的性格开始发生变化，觉得自己已经长大成人了，心里渴望独立，凡事都希望自己做决定。这是女孩必须经历的一个特定时期，这个时期情绪很不稳定，容易冲动，对身边的一切事情感到困惑，也对自己的行为后果考虑不周。

### 3.引导女孩自我克制

在生活中，父母要引导女孩自我克制，让女孩别太自责。有时候女孩已经能够意识到自己行为的错误，父母应引导女孩改变自己，让自己变得心平气和，帮助女孩顺利地度过青春期。

## 女孩陷入“面子问题”的沼泽里

正处于青春期的女孩，已经渐渐意识到自己长大了，成为独立的个体了。同时，她们的心理也会出现一些成人的迹象，那就是比较好面子，很讲义气。这一很多成年人才有的特点，已经逐渐在女孩身上显现出来了。

当朋友知道了她有什么弱点，女孩不希望对方在大庭广众之下谈论它，否则就会生气，觉得自己失去了颜面；碰到朋友需要帮忙的时候，即便是自己没有足够的力量，也会毫不犹豫地答应下来。在青春期女孩看来，面子是重要的，不希望自己在朋友面前不被看好，也不希望在同学面前显得没有能力。

尽管父母看着女孩这样的变化感到很欣慰，但并不希望她们陷入“面子问题”的沼泽里。并不是在什么时候都需要面子，也并不是做任何事情都需要讲义气。处于青春期的女孩，性格比较冲动，也喜欢讲义气，这是良好的表现，但稍有不慎也会给她们自己带来灾难。因为女孩的判断能力还不够，认知能力也有所欠缺，如果朋友所做的是违法乱纪的事情，而女孩还因为义气而帮助他们，那么实际上女孩已经被利用了。所以，当女孩的朋友希望获得帮助的时候，女孩需要慎重思考事件的性质，再作出相应的对策。

这天，小丽来到教室，还没有坐下来，就被同学拉了出去。小丽一边整理自己的衣服，一边问同学：“到底什么事情啊？这么着急？”同学把她拉到一个僻静的地方，才松开手，悄声问道：“这个周末小露过生日呢？你去不？”小丽听了就要往前走：“我还以为什么事情呢？就这事啊，去哪里？她在家里举办生日宴会吗？”同学看了看小丽，说道：“关键就在这里啊，不是在家里举办宴会，据说是在酒吧，她爸爸给了她几百块钱，可她担心不够，如果你要去，可得准备份子钱，听说还请了班里好几个女生呢？”小丽一愣：“哦，份子钱，没有问题啊，大概多少？”同学伸出一个手指，小丽张大了嘴巴：“一百？”想着自己兜里还有几十块钱，不免有些担心。同学点了点头：“是啊，班里就我们几个玩得好，凑起来没有几百，而且最重要的是希望大家能够玩得高兴。”小丽表示同意，但脸上有点难色，同学问道：“怎么？没有钱，我可以先借给你。”小丽马上摇了摇头：“没事，我身上有呢，到时候一定去。”两人边说着边向教室走去了。

小丽寻思自己兜里的钱，还是前天向妈妈要的零用钱，才两天，不可能又向爸妈要钱吧。她想着自己存钱罐里还有些钱，只不过一直没有动过，也不知道有多少。晚上回到家就把自己的存钱罐拿了出来，数了数，发现只有七八十的样子，其余的都是零钱。想着这个星期的生活费，再节约几十出来就够了，不过到时候万一自己生活费不够怎么办，那也只好饿着了。小丽第二天就把钱拿给了小露，摸着自己兜里的二十块，琢磨着怎么节约才能过到周末。

在很多时候，单纯、涉世不深的女孩会误以为给朋友提供无限的帮助就是好事，这是自己讲义气的表现，假设自己不能提供帮助，便觉得自己没有能力，在朋友面前也失去了面子。其实，这样的想法是错误的，女孩毕竟年纪还小，即便是给予朋友帮助，所提供的力量也是有限的，因此根本不需要打肿脸充胖子。

## 小贴士

### 1.告诉女孩，朋友最重要的是真诚

告诉女孩，朋友之间最重要的是真诚，是坦诚相待。自己是怎么样的情况，就如实告诉朋友。如果朋友的确需要帮助，那么完全可以向父母求助；如果他所做的是违法乱纪的事情，那么应该及时正确地指引他走出来。这才是真正的帮助，而不是对他的要求一一答应。

### 2.没必要为面子而活

像上文的小丽这样，为朋友凑份子钱，在情理上是无可非议的，但是没有必要自己饿肚子来这样做。可以向父母说明情况，征得父母同意，向朋友凑足份子钱；另外，如果不是这么好面子，也可以把真实情况告诉朋友，自己能出多少就是多少，没有必要为了好面子而承受在自己能力范围以外的事情。

### 3.讲义气也需要有个度

另外，讲义气，这在一定程度上是需要的，但是，凡事都有个限度，千万不能打肿脸充胖子。朋友之间，真诚才是最重要的一座桥梁。而且，有时候，承认自己的能力与实力，这其实并不算丢面子，只是一种坦诚的态度。人生漫漫长路，不需要自己活得那么累，凡事坦诚一些，生活也会给予最坦诚的回报。

# 第2章

## 青春期女孩的叛逆：适度放手，给予她足够的空间

青春期的女孩是叛逆的，不管是身体还是心理，她们总有一种冲劲，对父母大多看不惯，心里已经开始有自己的想法，认为自己已经是大人。在这个阶段，女孩的行为可能有些偏激，父母需要冷静对待，拯救女孩迷茫的青春。

## 青春期，女孩从幼稚向成熟转变

青春期是女孩的第二次断乳期，经过这一阶段，女孩从幼稚向成熟转变。从表面上看，青春期女孩个子长高，看上去已经是一个小大人了，然而她们的心理和生理并没有真正地达到成熟的状态。所以，女孩处于这个年龄阶段容易情绪波动、不听父母的话。就算她们在生活和学习中有了不开心的事情，也不喜欢向父母说，如果遇到父母无端斥责，她们还会抱怨父母不理解自己。但在这一阶段，父母往往会过分担心女孩的言行，对女孩的异常行为打破砂锅问到底，不是妄加指责就是漠不关心，这些行为都只会增加女孩的反抗行为。在这一阶段，女孩身上呈现出来的诸多特点，就是心理断乳期的正常现象。

当女孩年纪尚小的时候，往往需要依赖父母，凡事都喜欢父母做主，甚至她们在选择遇到困难时还会征求父母的意见。一旦进入青春期之后，她们身上最突出的特点就是生理快速发育，内心萌发出“我是成年人”的想法。

在心理上，由于自我意识的萌发，女孩进入心理断乳期，她们急于摆脱对父母的依赖，渴望独立，甚至要求父母将自己看成是“成年人”，希望自己的意志和人格得到充分的尊重。在这一阶段，女孩十分讨厌父母过分的关心、监护、说教，特别容易产生逆反心理。

秀秀长得比较漂亮，从小妈妈就把她打扮得像一个洋娃娃一样，给她买粉色的裙子，粉色的鞋子，一切看起来都那么粉嫩粉嫩的。尽管小学时妈妈依然保持着给秀秀买衣服的习惯，但看得出来秀秀并不是那么喜欢。上了初中，当妈妈再次将一条粉色连衣裙放在她面前的时候，秀秀不客气地说："妈妈，我已经长大了，是一个大女孩了，你别再像过去那样给我打扮了，比起这些粉嫩的裙子，我更喜欢简单的款式，以后的衣服我自己买，好吗？"听到秀秀这样的话，妈妈有些伤心，难道是因为自己眼光不够好吗？

其实并不是妈妈的眼光不好，而是女孩已经有了自主选择的权利。女孩进入心理断乳期，她们开始对家庭、对学校甚至对社会产生巨大的叛逆心理。在这一阶段，她们渴望自己可以被当做成年人看待，渴望被成人的世界认同，喜欢通过叛逆的

行为来向世界展示自己已经长大了。但同时，她们叛逆的行为恰恰暴露了作为女孩的幼稚和不成熟，就好像贴了标签告诉别人，她们正在躁动的青春里寻找一种叫独立的东西。这时父母要耐心等女孩长大，给予她理解，小心呵护她。

### 小贴士

#### 1.尊重女孩的第二次诞生

心理断乳期的真正意义是女孩摆脱对父母的依恋，走上精神的成熟与独立。对此，父母不应该感到大惊小怪，而是应把重点放在帮助她们完成从女孩到成年人的转变上。所以，请尊重女孩的第二次诞生，对女孩进入心理断乳期持欢迎态度。

#### 2.女孩应有自己的世界

在这一阶段，女孩应有自己的世界，父母要把女孩的某种离心倾向理解为她的精神在朝着独立自主方向成长。或许在这一阶段，女孩更愿意跟同龄的女孩说心里话，而对父母的依赖则在不断减少。这对于一直习惯女孩在身边的父母来说，女孩好像变了，实际上交朋友是女孩在精神独立于父母过程中的一种补偿。女孩如果有适当的朋友，那就不至于由于心理断乳期而过度失落。

#### 3.对女孩要因势利导

父母应根据女孩的心理特点，从行为和心理上进行引导，教育的方式要多样化。采用平等对话的方式，让女孩把心里话说出来，然后父母把自己的观点、经历讲给她听，让女孩自己进行比较，父母不要采取简单粗暴的方式，要因势利导。

### 4.充分相信女孩

父母首先要尊重女孩独立的人格，女孩觉得自己已经长大了，完全有能力做好自己的事情。这时父母可以充分利用女孩的这个想法，把家里的一些事情和女孩商量，聆听、征求女孩的意见。对女孩生活、学习中出现的问题，尽可能让她自己去处理，同时，父母也可以提出自己的意见。当她们遇到困难和挫折的时候，要多给予鼓励和安慰，要及时赞扬女孩好的行为。如果父母犯错了就要勇于承认和改正。

### 5.冷静对待发脾气的女孩

当女孩发脾气时，父母应保持冷静，争论激烈时，父母应转移话题或采取冷处理方式，避免女孩萌发对立情绪，使逆反心理更强烈。事后在合适的时候，父母可以心平气和地指出女孩的错误和不当之处，使女孩积极克服幼稚和冲动的坏习惯。

### 6.鼓励女孩走出去

鼓励女孩广泛结交朋友，在集体活动中，丰富、充实自己的精神生活，发展“自我”意识，正确、客观地评价自己，以培养女孩活泼开朗的性格、真诚待人的品德，从而顺利度过女孩心理发展的这一重要时期。

### 7.女孩有她的权利

父母要转变观念，尊重女孩的权利，承认她是一个独立成员，平等相待，对女孩评价要做到恰如其分，不要将女孩与其他女孩相比。在与女孩相处时，要与女孩建立起朋友式的友谊关系，尊重她的自主权与隐私权，尊重、理解、爱护她，多指导少指责，多帮助少干涉。

## 叛逆女孩，积极反抗父母

进入青春期之后，女孩在生理上发生了很大的变化，身体慢慢开始发育成熟。不过她们生理上的成熟并没有带来心理上的成熟，不少女孩在青春期出现了叛逆心理。通常青春期的女孩在心理上最希望表现出成人感，有较强的独立意识。

青春期女孩的心理特征是：情感丰富，情绪波动。青春期女孩感情相对脆弱，有时开心，有时莫名伤心，对父母不愿意谈及心事，对朋友却可以敞开心扉，自我意识强。她们自我感觉像个小大人，不过思维情感却还是个女孩；她们开始偷藏自己的日记本，有成人的感觉，喜欢模仿大人的行为，比如涂指甲，讨厌父母的唠叨。不管自己对错，只要是来自父母的批评，她们都积极反抗。

雅雅一直以来都很乖巧，对父母的话总是认真听，学习成绩也优异，她一直都是那种“别人家的女孩”。左邻右舍的家长们在训斥自家女孩时，总是说：“你看雅雅每天学习多刻苦，隔壁的雅雅多懂事，每天回来不用父母说就主动做作业，不仅如此，写完了作业还帮父母干活，你看你呢。”

可能正是父母和身边人对自己的期望太大，雅雅有时感觉有点力不从心，好像自己永远不能犯错一样。进入初二下学期之后，由于对自己要求过高，压力太大，导致学习成绩有所下滑。当妈妈看见成绩单的时候，忍不住说了几句：“你看你，以前可是我们小区的榜样，你现在成绩下滑了，别人问起我来可不好说话。”雅雅第一次反驳妈妈：“正因为你们总是这样，所以才会给我这样大的压力。”妈妈不以为然：“怎么成了我的错了，妈妈也是为了你好啊。”雅雅感到十分委屈：“不要总打着为我好的旗号来要求我，我真的很累。”说完，就跑进自己的房间，锁上了房门。

这之后，雅雅有些变了，不再那么努力学习，也学着同学们穿衣打扮，穿着越来越时尚，但成绩也越来越差。就这样，雅雅依然是左邻右舍口中的别人家的女孩，只不过这一次是坏的榜样。

有一位青春期女孩对妈妈说：“为什么我一听见你说学习的事情就来气，我知道你是为我好，但我心里很反感，或许这是一种叛逆心理。假如你不跟我说学习的事情，我很愿意跟你亲近的，而不是像现在这样，害怕与你交流。”可以说，这是很多青春期女孩的内心独白。

青春期女孩处于开放性与封闭性的矛盾期，他们需要与同龄人，尤其是与异性、与父母平等交往，他们渴望他人和自己一样彼此之间敞开心灵。不过，由于每个人的性格和想法并不一样，难以满足青春期女孩的这种渴求心理。

甚至，有的女孩会把心里话诉说在“日记”里，这些日记写下的心里话，又因为好强的自尊心，不愿意被他人知道，于是就形成了既想让他人了解又害怕被别人了解的矛盾心理，同时也是她们与父母产生分歧的原因。

**小贴士**

**1.学会平等地面对女孩**

父母应该学会平等地面对女孩，把她们当作大人看，这是最关键的问题。否则父母高高在上就不容易得到女孩的认可，得不到认可，就不容易知道她们心里究竟在想什么。不知道女孩的心事就难以对症下药，这样就达不到教育的效果。

**2.看到女孩的优点**

在现实生活中，许多父母总喜欢拿自己的女孩跟其他的女孩比较，给女孩一种强大的压力，其实这样的做法是欠妥当的。每个女孩都是独立的个体，她们也有自己的优点，只是经常被父母忽视而已。假如父母总喜欢拿自己女孩的缺点跟别人的优点比，那会挫伤女孩的自尊心，自然会触动女孩的逆反情绪。

**3.跟女孩一起写日记**

不论是父母还是女孩，都有心情不好的时候，这时不要把气撒在女孩身上，最好的方式就是写到日记里，然后给对方看。跟女孩约好，互相看日记，这样容易谅解对方。当然，这需要征得女孩的同意，也可以让女孩把心事写到纸条里交给父母，有什么烦恼第一时间回复，帮助女孩走出心理困惑。

### 4.多了解女孩的成长心理

父母可以了解女孩叛逆的特点，并告诉她这是这个年龄段的心理特征。实际上，叛逆的个性也并非全都不好，但需要引导女孩学会控制自己。假如她开始反驳父母，那证明她已经长大了。当然，父母需要告诉女孩叛逆的缺点和优点，帮助她顺利度过青春期。

### 5.平心静气地当个好听众

实际上，叛逆的女孩不喜欢父母的唠叨，不过她们却喜欢向别人倾吐自己的心事。父母可以平心静气地当个好听众，这样会减轻她们心中的委屈、烦恼。父母可以跟女孩一起去野外散步，或跟女孩一起运动，这样彼此都会感觉很轻松。

### 6.以鼓励教育为主

对正处于青春期的女孩，父母应该以鼓励教育为主。这个年龄阶段的女孩最反感的就是批评，假如父母经常批评她们，一定会激起其内心的反感。反之，假如父母经常发现她们身上的闪光点，鼓励她们，激励她们，那她们就会如父母所想的那样去努力成长。

## 允许青春期女孩适当争辩

由于受千百年传统观念的影响，父母总会觉得小女孩见识少、阅历浅、不成熟，又是自己生养的，于是形成了“大人说话小女孩听”的定论。许多父母不允许女孩与大人争辩，他们奉行“父母之命”的教义。女孩只能对父母的话“言听计从”，是决不允许与父母拌嘴、争辩的，否则就是“大逆不道”。

实际上，随着女孩进入青春期，她们的自我意识开始被唤醒，这时父母与女孩争辩是一件有意义的事情。所谓争辩是争论、辩论的意思，是各执己见，互相辩论说理，这样做有利于思想沟通，通过争辩达成共识、解决问题。

汉堡心理学安格利卡法斯博士认为：“隔代人之间的争辩，对于下一代来说，是走上成人之路的重要一步。”允许青春期女孩适当争辩，是有助于女孩摆脱无方向状态的一个途径，可以使她们知道自己的能力和界限在何处。同时，争执可以让女孩变得自信和独立，在对抗中她们感觉自己受到重视，知道怎样才能贯彻自己的意志。争执也表示女孩正在走自己的路，她们注意到，父母并非总是正确的。

午饭后，妈妈吃了饭躺在沙发上看电视，女孩拿着妈妈的手机玩。

妈妈看到低头玩手机的女儿，气不打一处来：“天天就玩手机，我的手机快没电了，一会儿我还得上班去，赶紧把手机放下，去写作业。”

女儿头也不抬：“玩一下有什么要紧，这才吃了饭还没消化呢，你上班也可以充电啊，一会儿你上班了我就写作业。”

看见女儿没有放下手机，妈妈不由得提高声调：“你说你，一天除了玩手机还干嘛，成绩也不咋地，真不知道以后你准备干什么去。”

女儿依然不抬头：“我的未来谁说得清呢，反正我不会像你这么活着。”

一听这话，妈妈越来越生气了：“我怎么活着了，我每天拼死拼累地工作，还不就是为了养你，供你读书，你倒好了，天天玩手机，还瞧不上老妈了。”

女儿终于抬起头来：“我可不是那意思，我不过是玩玩手机，你就开始说我未来没出息，这话我听着舒服吗？我不过是把这句话还给你而已。”

妈妈站起来，一把夺过手机，怒声：“你有出息了，妈妈说你几句也不听了……”

心理学家认为，争执可以帮助青春期女孩变得自信和独立。在与父母争辩过程中，女孩会感觉自己受到重视，知道应该怎样表达才能实现自己的意志。同时，争执也表明女孩自我意识的觉悟，说明女孩正在试着走自己的路。争辩的胜利，无疑让女孩获得一种快感和成就感，既让女孩有了估量自己能力的机会，也锻炼了她的意志力。

父母在教育女孩的时候，经常会遇到回嘴、反驳、顶撞等情况。面对女孩的争辩，父母明智的做法就是给她争辩的权利，认真听取她的争辩。这样父母可以从女孩的争辩中了解她发生某种行为的背景、条件以及心理动机等，从而进行针对性的教育。同时，让女孩争辩，为父母树立了一面镜子。

父母通过听取女孩的争辩，可以检验自己的教育方法是否得当，说法是否在理。明智的父母常常不把自己的意志简单地强加在女孩身上，而是为女孩创造一个宽松、平等的氛围。而在与女孩争辩过程中，父母应循循善诱，以理服人，不要简单地把女孩的争辩看作是对自己的不敬。

小贴士

1.允许女孩提出意见

处于青春期的女孩争辩的时候，往往是她最得意、最来劲、最高兴、最认真的时候。这样做对女孩是很有益处的。允许女孩这样做，还可以营造家庭的民主气氛，提高她各方面的能力，对女孩未来的生活也是大有好处的。

### 2.女孩争辩是一件好事

父母应该树立一种观念，允许女孩争辩，这并不是什么丢面子的事情。那种认为一旦允许女孩争辩，她就会不听话，不尊重自己，与自己为难的想法是不正确的。女孩与父母争辩，对双方都是很有好处的。

### 3.彼此制订一些规则

当然，女孩争辩是应该遵循规则的，也就是说，不允许她胡搅蛮缠、随心所欲，而是要在讲道理的基础上进行争辩。假如女孩违反了争辩的规则，父母自然应该加以制止。当然，父母是规则的制订者，因此在制订规则时要从实际出发，合乎女孩的情况，合乎一般的道理，否则，这样的争辩就是不合理的。

### 4.女孩也需要表达意见

对于许多父母而言，给女孩说话的权利并不是一件能轻易做到的事。父母在教育子女的时候，往往只能我说你听，哪里容得女孩争辩？所以，给女孩争辩的权利，需要父母克服自以为是、唯我是从、只准说“是”、不准说“不”的单向说教思维定式，而采用尊重女孩、鼓励争辩、勇于认错、利于双方交流的思维方式。

### 5.女孩为什么争辩

假如女孩因青春期叛逆思维而带来的毫无理由的争辩，父母事后可以反思，到底是自己没有尊重女孩的意愿，还是女孩确实是在胡搅蛮缠？假如是前者，那父母需要反思自己，是否真的尊重了女孩；假如是后者，那可以仔细观察女孩做出这样行为背后的真实心理，了解之后予以相应的教育方式。

## 青春期女孩越叛逆，越与父母对着干

当父母好心提醒女孩“降温了，带件衣服去学校”，女孩的回答却是“你好烦啊……”青春期女孩的不听话成了父母心中挥之不去的“痛”，她们要么与父母针锋相对，吵闹顶嘴，要么对父母的话置之不理，置若罔闻；要么受到批评就甩门而去甚至上演离家出走的戏码。对于这样的女孩，有的父母选择了“打骂”，但越是打骂，女孩反而越叛逆，越是与父母对着干。

青春期女孩叛逆，产生对抗情绪，这是一种独特的心理现象，也是一种必然的生理现象。青春期女孩的心理随着自身年龄段的变化而变化，第二性征的出现给她的心态造成了冲击，她面对自身的变化经常会感到不知所措，从而产生浮躁心态和对抗情绪。青春期女孩心理呈现青春期心理的特殊性，她觉得自己已经像个成年人，所以在面对问题时她们经常呈现出幼稚的独立性，采取一些偏激的或是强烈的措施。

小梦读初中时，非常喜欢信息技术这门课，父母则简单禁止她“玩电脑”，一味要求她放学回家必须做多少作业、多少遍练习，引起了小梦的不满，既然父母在家不让她做自己想做的事情，她就故意不用功，让成绩一落千丈，明知这样做不对，小梦依然我行我素，她甚至喜欢看到父母不舒服、干着急的样子。

当父母说：“今天下雨了，记得出门多带一件厚外套”“宝贝，你最近怎么回事，得抓紧学习啊，你这样，我真的不知道该怎么办啊”“以后你长大了，怎么办呢？学习不好，只能打工……”这时，小梦就会下意识地捂住自己的耳朵，大声叫道：“你们说什么，我都不想听，走开啊，你们……”

由于自我意识和好奇心的增强，又由于社会、媒体的冲击，青春期女孩对许多东西产生兴趣，她们便要通过表现个性、追逐潮流来满足自我意识和好奇心。社会和家庭的传统教育的一些弊端，阻碍了她们自身发展的需求，成为了对抗情绪产生的源头。

青春期女孩为独立做准备，所以她们想在心理上跟父母作分离，表现出来的就是强烈的独立意识。心理学家认为，女孩青春期的亲子对抗是有积极意义的，只是每个女孩性格不一样，独立意识不同。许多父母都没准备好，认为女孩只是出于父母自身意愿而存在。面对青春期的亲子对抗，父母的改变应该比女孩更多。

## 小贴士

### 1.正确认识女孩的逆反心理

心理学家认为，12至16岁是女孩的“心理断乳期”，随着接触范围的扩大，知识面的增加，她们内心世界丰富了，容易对父母产生“逆反心理”。她们认为自己已经长大了，对社会、人生有着与父母不同的看法，不要父母处处管着自己，于是开始时时顶嘴，事事抬杠。

### 2.女孩的行为是正常的

女孩出现的一系列身心变化，她们自己也是始料不及、难以控制的，这时尤其需要父母的理解和接纳。千万不要看到女孩的一些变化，或者发现女孩的反常行为就大呼小叫、惊慌失措，更不要打骂训斥、横加指责，否则，只会加剧女孩的逆反心理，增加与父母的隔阂。

### 3.注意说话的语气和措辞

父母要改变自己说话所用的语气、措辞、态度及行为。传统的教育方式已经证明没什么效果，所以不管你怎样改变，都可以比重复过去的方法多一个成功的机会，不要总以为改变了，女孩就会马上听话，她们会用无数次试探来看父母是否坚持。

### 4.与女孩做朋友

情绪本身不是问题，真正需要处理的是导致情绪出现的事情或过程。父母假如可以跳出这种在女孩面前的权威怪圈，从女孩长远的成长来看，做与女孩平等的朋友是更理智的教育方式。由于朋友之间地位平等，彼此之间的沟通会更流畅，这样就不会为“听话与否”的问题与女孩产生分歧。

### 5.成为女孩的榜样

父母对女孩的影响力来源于知识和榜样的力量。在平时生活中，父母要不断学习，提高自身知识积累，通过渊博的学识让女孩信服。以身作则，言行一致，注重自身修养，树立自己的威信，成为女孩的榜样。即便与女孩交流，也要做到心平气和，态度和蔼。

### 6.她毕竟是女孩

青春期女孩比较叛逆，父母不要硬碰硬，不要跟女孩争高低，认为胳膊总是拧不过大腿，对女孩应适度忍让。假如与女孩发生冲突，作为父母应该懂得忍让，这毕竟是女孩人生的必经之路。

### 7.多夸赞女孩

教育学家认为，好女孩都是夸出来的，恰到好处的赞美是父母与女孩沟通的兴奋剂、润滑剂。父母对女孩每时每刻的了解、欣赏、赞美、鼓励会增强女孩的自尊、自信。父母应该记住这样一句话：赞美鼓励使女孩进步，批评抱怨使女孩落后。

### 8.让女孩做她喜欢的事情

有时候女孩专注于感兴趣的事情而忽视了父母的话，这完全在情理之中。父母应适当给女孩留一个属于她们自己的空间。这样女孩才有时间或胆量做自己喜欢做的事情，假如父母可以及时送上称赞，还将有利于女孩将来的发展。

### 9.注重引导女孩的行为

多听话便会少用脑，这容易让女孩产生依赖的性格，不管对女孩的智力发展还是自主能力、创造能力的培养都非常不利。因此，最好的办法不是要女孩听话，而是帮助女孩认识和感觉到什么行为是她自己应该有的，而且让其感受到其中的许多乐趣。

## 青春期女孩强烈的逆反心理

心理学研究认为，进入逆反期的女孩独立活动的愿望变得越来越强烈，她们觉得自己已经不是小女孩了。她们的心理会呈现矛盾的地方：一方面想摆脱父母，自作主张；另一方面又必须依赖家庭。这个时期的女孩，由于缺乏生活经验，不恰当地理解自尊，强烈要求别人把她们看作是成人。

假如这时父母还把她们当成小女孩来看待，对其进行无微不至的关怀，唠叨、啰嗦，那女孩就会感到厌烦，感觉自尊心受到了伤害，从而萌发出对立的情绪。假如父母在同伴和异性面前管教她们，其“逆反心理”会更强烈，这时父母要巧妙运用“飞镖效应”。

女孩今年15岁了，最近总是喜欢和父母顶嘴，明明无理还要争辩。平时让她干什么事情，总喜欢等父母发了脾气才会行动。而且，最常挂在她嘴边的一句话就是："要你管我？"

女孩平时不愿意跟父母交流沟通，处处与父母对立，不是频繁地发脾气、与父母争吵，就是乱扔衣服、不写作业，有时还会逃学、夜不归宿。父母没有两句话，女孩就会摔门而去，或者说："得了，得了，我什么都懂，一天到晚数落什么，我不需要你们管！"在学校与同学关系也不和睦，说话总是尖酸刻薄。老师教育她，嘴皮都说破了，她依然不动声色。父母为此都愁死了，不知道该怎么办。

许多父母经常抱怨女孩越来越不听话了，整天不想回家，不愿意与父母说心里话，做事比较任性。而女孩却说，父母一天到晚唠唠叨叨，规定这不许，那不准，真是讨厌。显然，女孩是在与父母对着干。

小贴士

1.对女孩别过分溺爱

父母应该意识到，对女孩过分的溺爱，实际上是害了她。父母应对女孩既要爱护又要严格要求，对女孩不合理的要求，不能无原则的迁就。假如女孩的企图第一次得逞，之后就会习惯由着自己的性子来，到时候父母想管教亦是无能为力。当女孩生气时，父母应避免大声斥责。这时可以让女孩做一些能吸引她的事情，稳定其情绪，转移其注意力。等到女孩情绪稳定之后，再耐心地教育她。

### 2.多给女孩留思考时间

父母不能因为女孩是自己的孩子，想打就打，想骂就骂，好像这是很正常的。其实这样的教育方式恰恰错了，效果会适得其反。父母可以换个角度思考，站在女孩的立场，教育女孩处理突发事件。父母应以情感人，以理服人，毕竟小女孩一时半会想不通，需要留给她们一些思考的时间。

### 3.父母首先要冷静

即便女孩顶嘴，父母再生气也要保持冷静，控制住自己的情绪，不能一看到女孩顶嘴就火冒三丈，甚至对女孩拳脚相加。因为这样做不仅无助于问题的解决，反而会使双方的情绪

更加对立，女孩会更加不服气，父母也会更生气，这样只会激化矛盾，不利于任何事情的解决。

通常女孩不太懂得控制自己，当她对父母的管教不服气时，可能情绪会比较激动，可能会冲父母发脾气，可能会有过激的言语和行为，这时父母千万不要跟着女孩一起着急，要想办法控制女孩的情绪，可以先把事情暂时放一放。

### 4.加强与女孩的沟通

当女孩有了逆反的苗头时，要与女孩进行一次亲切的聊天，明确告诉她逆反是一种消极的情绪状态，父母、老师、同学都不喜欢，会影响自己的人际交往。长时间下去，女孩会变得蛮横无理，胡作非为，不利于自己身心和谐正常发展。父母可以告诉女孩：对女孩的逆反，做父母的有多担心和顾虑，让她感受到她的逆反给身边的人造成的感情负担。

### 5.父母要保持一致的思想

在面对女孩的教育问题，父母要保持一致的思想。不能父亲这样说，母亲又那样说；父亲在严厉地教育女孩，母亲却在一边护短。面对女孩的教育问题，父母可以先商量一下策略，口径一致后，再与女孩进行交流。

### 6.批评女孩要讲究方法

不讲方法、不分场合地批评女孩，女孩犯了一个错误就把她过去的种种错误全都翻出来，随意地贬低和挖苦女孩，教育女孩时连同她的人格一起做出批判，这些是很多父母的通病，也容易引起女孩的逆反心理。

减少女孩的对立情绪，父母不能滥用批判，批评女孩前先要弄清事情的原委，分清场合，更不要贬低女孩的人格，批评女孩时要考虑女孩的情绪。而且，好女孩都是夸出来的，对女孩要多些表扬少些责怪，经常想想女孩的长处，关注女孩的点滴进步，寻找女孩身上的闪光点。这样一来，女孩平时受到的表扬和鼓励多了，犯错误也容易接受父母的批评。

### 7.减少女孩的抵触心理

有的父母出于对女孩的关心，一心一意想让女孩在自己的庇护下长大成人，而当女孩开始有强烈的独立自主要求时，女孩对父母强加的想法和观念十分不满，从而感到逆反，容易与父母产生冲突。对于女孩的合理意见，父母要尊重，不要对女孩发号施令，以免让女孩产生抵触心理，对女孩尽可能地用商量的口吻“我认为”“我希望”，以此改善女孩与父母的关系，减少女孩的逆反心理。

### 8.留心听女孩说话

父母要善于营造聆听气氛，让家里时时刻刻都有一种“聆听的气氛”。这样女孩一旦遇上重要事情，就会来找父母商量。父母需要抽出时间陪伴女孩，比如利用共聚晚餐的机会，留心听女孩说话，让女孩觉得自己备受重视。父母需要做顾问、朋友，而不是长者，只是细心倾听，协助抉择，而不插手干预，仅仅是提出建议，而不是为其做出选择。

## 青春期女孩犯错了，要懂得自我反省

海涅曾经说："反省是一面镜子，它能将我们的错误清清楚楚地照出来，让我们认真地思考自己的行为，并给我们改正的机会。"自我反省就是常常冷静地思考自己的言行，寻找自己所作所为中存在的不足和错误。一个人会不断地取得进步，就在于她能够不断地自我反省，善于认识到自己的缺点和不足之处，并及时采取措施进行弥补。

自我反省是一种良好的行为习惯，也是每一个处在成长期的女孩所需要具备的一种良好习惯。如果一个女孩不懂得自我反省，她就会一次又一次地重复相同的错误，在原地踏步，难以取得进步。相反，如果女孩懂得了自我反省，她就会认真思考自己身上的不足之处，会更加注意下次绝对不会犯同样或类似的错误。

妈妈开完家长会回来，看见正在玩耍的女儿，忍不住唠叨："你看你又在看什么？天天玩手机，什么时候能把这精神用在学习上，今天我可听说你成绩又下降了。"女儿："不是吧，老师还喜欢告状，这次考试题太难了，大家都没考好，也不是我一个人的错。"妈妈不耐烦地说："那为什么别人还是有考好的。"女儿笑着说："老妈，我告诉你，他为什么考那么好，纯粹是运气，全蒙对了。"听到这样的话，妈妈有些生气了："你怎么蒙不对呢，说来说去还是因为你平时没有认真学习，每次妈妈让你好好学习，你有的是理由，好像永远不会反省自己身上的缺点。”

爱默生曾说：“人类唯一的责任就是对自己真实，自省不仅不会使他孤立，反而会带领他进入一个伟大的领域。”女孩总是习惯性地为自己找借口，害怕承认自己的错误，这时候需要父母有意识地培养女孩养成良好的自我反省的习惯，鼓励女孩对自己的行为进行反思，看看自己的所作所为是否违背了社会规范，是否存在着种种不足。

自我反省的习惯对于女孩一生的发展都有着积极的意义。所以，父母应该在家庭教育中有意识地鼓励女孩做自我反省。

小贴士

1.理智对待女孩的错误

当女孩犯了错之后，父母不要对她横加指责，而是应该允许女孩做出解释，当父母了解了事情的真相，只需要平静地指出女孩的错误，引导她进行自我反省。这样可以激发女孩想纠正错误的行为，在以后的生活中，她就会少犯或者不犯类似的错误。有的父母在女孩犯了错误以后，往往会耐不住性子，对女孩不是打就是骂，实际上这样很不利于女孩自我反省能力的提高。父母千万不要一上来就斥责、恐吓女孩，不要对女孩的错误横加指责，因为这样只会让自己的暴躁脾气扼杀了女孩的自我反省能力。父母只有冷静理智地对待女孩的错误，才有利于女孩养成自我反省的习惯。

### 2.父母要注意自己的言行

女孩有着一定的模仿能力，父母的言行也会成为她们模仿的对象。在日常生活中，父母要做好榜样，即便是父母犯了错误也要自我反省，这样会给女孩树立良好的榜样，有利于培养女孩优秀的自我反省能力。有的父母认为自己毕竟是大人，做错了事情羞于认错，而且认为在女孩面前认错是难为情的事情。其实，并不是这样，父母做错了也要敢于承认，及时进行自我反省，特别是在女孩面前，这样才能积极地影响她。比如，有时候，父母也会误会女孩，这时候，不要试图在女孩面前敷衍了事，而应该真诚地向女孩道歉。

### 3.让女孩每日总结

子曰："吾日三省吾身——为人谋而不忠乎？与朋友交而不信乎？传不习乎？"父母可以引导女孩每天都反思一下自己的所作所为，总结一下自己的行为表现，弄清自己有哪些是做得不对的，哪些是需要改进的，且应该怎样改正和挽回那些错误。让女孩养成这样一种习惯，时间长了，女孩就不会犯同样或类似的错误，而且也能够分辨是非真伪了。

### 4.让女孩看到自己的错误所在

虽然，在很多时候我们都提倡鼓励教育，总是说"好女孩是夸出来的"，但一味地鼓励与夸奖也不会培养出好女孩来的。另外，如果女孩经常得到表扬，时间长了，她就很难接受别人的批评了。因而，批评与赞赏一样，是父母都需要的教育方式。当然，无论是赞赏还是批评都应是适当的，父母不要大声斥责，只需要让女孩知道自己错在哪里就可以了。父母要正面引导女孩坦然接受别人的批评，以“有则改之，无则加勉”的心态来接受批评。

# 第3章

## 青春期女孩的心声：蹲下来，倾听她的内心世界

青春期是一个特殊的时期，心理学家把它称为疾风暴雨时期，这一时期女孩的情绪波动会非常大，心理非常敏感。在这一阶段，父母要特别关注与女孩的沟通问题，走进她们的内心世界，读懂她们的快乐与烦恼。

## 循循善诱，切不可正面冲突

父母要想教育好女孩，就要在女孩面前多夸夸她的优点。俗话说：“好女孩是夸出来的。”这也是无数父母从亲身实践中总结出来的经验。“叛逆”是作为一个青春期女孩的特征，父母需要循循善诱，切不可正面冲突。如果你还是沿用“棍棒”教育，让女孩屈服于你的威严之下，那么，这样只会让女孩更加反感，不仅会影响亲子关系，对女孩的一生也会造成不良的影响。

父母应该以另外一个角度来看待自己的女孩，多看到女孩的闪光点，进行正面引导，这样女孩就会在夸奖赞扬中逐渐改变那些不良的习惯，而且还能够树立起自信心、上进心，形成良好的行为习惯。

小雯13岁了，妈妈逢人就说：“这女孩，一点也不懂事，不听话，一天不好好学习，每天就跟她那些所谓的好朋友混在一起，都不晓得她一天在干什么……”这时，小雯总是阴着脸，不说一句话。不过，她依然是我行我素，从来不听妈妈的话。

遇到亲戚给小雯买衣服之类的，妈妈也会说一句：“别给她买这些，她又不听话，没资格享受这些。”小雯很委屈地说：“那我有资格享受什么呢？享受你一天说我的不好吗？既然我这么不好，你为什么还要养我呢？”几句话问得妈妈哑口无言，妈妈也不知道，这女孩究竟是怎么了？

怎样教育好女孩，对每一位父母来说都是很棘手的问题，尤其是面对逐渐变得叛逆的女孩，许多父母真是没辙了。打也打了，骂也骂了，可就是不见效果，女孩总是不听话。其实，随着年龄的增加，女孩越来越叛逆，凡事都喜欢和父母唱反调，而且你越是打骂，她就越嚣张。有父母抱怨“我已经管不了她了”，难道问题真的那么严重么？

小贴士

1.对女孩以赏识教育为主

在当今时代，随着社会的进步，人们观念的改变，许多父母都认识到了“棍棒”教育带来的弊端，并逐渐以赏识教育为主。的确，赏识教育作为新兴的一种教育方式，它主要是赏识女孩的行为结果，以强化女孩的行为；也是赏识女孩的行为过程，以激发女孩的兴趣和动机。

赏识教育是一种尊重生命规律的教育，逐渐调整了无数家庭教育中父母的“功利心态”，使家庭教育趋向于人性化、人文化的素质教育。所以，父母在家庭教育中，应该摒弃落后的“棍棒”教育，主要以赏识教育为主，这样才有利于培养女孩良好的行为习惯。

### 2.多发现女孩身上的闪光点

一个女孩可能会很叛逆，也可能学习成绩很差，但这时候，父母不要只看到女孩的缺点，忽视了她的闪光点。每个女孩身上都有闪光点，只要父母做个有心人，一定能在生活的点点滴滴中发现。可能她比较叛逆，但乐于助人；可能她语言能力也可以，还可以自己编故事；可能她的绘画也很不错，所画的作品还在班上展出过。这样一想，你就发现夸奖女孩其实并不难。

只要女孩有一点点进步，父母都不要忽视，要给予真诚的表扬。“你今天一回家就开始写作业了，这个习惯真好，我相信你会天天这样做，是吗” “今天你跟爷爷说话时用了‘您’，语气也比以前更有礼貌了，很不错”，长久以往，你会发现女孩在一次次的夸奖中变得越来越有自信了，学习的兴趣也一天比一天浓厚，行为习惯也一天比一天好。

### 3.对女孩说话要注意语气

随着年龄的增长，女孩的自我意识越来越强，她也有自尊心，开始注重面子。但许多父母还是把女孩当作什么都不懂的小女孩，想对女孩说什么从来不考虑自己的语气。这时候，女孩是比较敏感的，父母稍微有点不耐烦的口气，女孩也能感觉到，她会觉得自尊心受伤；如果父母当着许多人的面数落女孩的缺点，这更会让女孩觉得无地自容。所以，在任何时候父母都要注意自己对女孩说话的语气，以夸奖激励为主，切忌语气

太重。另外，在外人面前也千万不要数落女孩的缺点，这会让她感到自卑。

### 4.对女孩的成绩予以大方的夸奖

有时候，女孩取得了不错的成绩，父母心里虽然也很高兴，但总是给女孩浇一盆冷水，“这次成绩还行，可你同桌还比你考得好哩”，这样一个转折一下子就把女孩的自信心毁灭了。对于女孩来说，她们的心理还很简单，她们只希望得到父母的夸奖，如果父母有一点点微词，她们就觉得没有了自信心，进而产生自卑的心理。所以，当女孩取得了成绩，父母千万不要浇冷水，要给予大方的夸奖，增强女孩的上进心。

### 5.对女孩的夸赞也需要适度

当然，“好女孩是夸出来的”并不是绝对的正确，一味地靠夸奖教育女孩也是远远不够的。而且，有的父母更是坚持“女孩都是自家乖”，一味娇宠，这样对女孩的成长也是极为不利的。无论是夸奖还是批评都应该是适当的，父母不能把女孩捧得过高，这样一不小心摔下来了，女孩和父母都是承受不起的。好女孩是夸出来的，父母更要拿捏好“夸”的度，这样才能培养女孩良好的行为习惯。

## 走进她的心灵世界，和女孩做朋友

心理学家认为，父母与女孩之间的沟通，女孩是掌握着主动权的，因而有的父母就会说“她心里有什么想法，那也得开口向我说，否则我怎么能走进她的内心世界呢”。其实，女孩心中都有一定的惧怕心理和羞涩心理，自己即便是有一些想法，她也不会主动告诉父母，而是需要父母诱导女孩说出来，或者父母通过自己的方式来了解女孩，走进女孩的心灵世界。教育专家认为，要想走进女孩的心灵世界，就要和女孩做朋友。

一天，女孩放学回家后若无其事地告诉妈妈：“今天上午上数学课的时候，我居然睡着了。”上课的时候居然睡觉？妈妈听到这话就生气了，责备：“上课时睡觉，你说我辛辛苦苦挣钱供你读书，我都做啥了，你要这样做？”女孩有些委屈：“我觉得困了就小眯了一会，睡醒起来看见老师正在讲课，我都不知道自己睡了多久，也没人叫我。”“睡觉，睡觉，我让你睡觉！”妈妈开始拿着鸡毛掸子打女孩，只听见女孩的哭声。

过了一周学校开家长会，老师向妈妈反映：“女孩很喜欢上课时睡觉，当着全班同学的面都批评了好几次，她还是这样，一点也不改进，希望你们可以敦促一下。”妈妈回到家，对女孩又是一顿打骂，女孩挂满泪水的脸，有一丝幸灾乐祸的笑容。

常常听到女孩这样抱怨：“父母根本不理解我们的需要，他们想说的就说个没完，而我想说的他们却心不在焉。”女孩普遍有着这样的烦恼，其实，女孩内心里有着许多想法，她们也有欢乐、有苦恼、有意见，如果父母没能主动走进女孩的内心世界，女孩有了意见没有得到及时的交流，那么父母与女孩之间的鸿沟就会越来越大。

父母埋怨“女孩不理解自己的一片苦心”，女孩也抱怨“父母根本不了解自己”。女孩在这一阶段已经逐渐有了自己的内心小世界，由于惧怕、害羞等多种原因，她们会封闭自己的内心世界，不会轻易向父母吐露自己的内心想法。这时候，就需要父母主动走入女孩的内心世界，倾听女孩所思所想，读懂女孩的烦恼与快乐，真正成为女孩的知心朋友。

## 小贴士

### 1.主动与女孩的老师沟通

有的父母没有主动与女孩老师沟通的习惯，他们认为女孩在学校就应该是学校的责任，如果女孩有了什么事情，老师会主动联系自己的。其实，每个班级那么多学生，老师根本不会顾及每一个学生，这就需要父母主动与老师交流。这样，父母不仅能及时地了解女孩的学习表现和思想素质，还能够积极主动配合老师对女孩存在的问题及时纠正，便于父母与女孩进行顺畅沟通，了解女孩最近的表现，有助于走进女孩的心灵世界。

### 2.冷静处理女孩的过错

明明知道女孩做错了，父母也应该保持冷静的心态，冷静地处理女孩的犯错行为。这时候，如果父母的情绪失控就意味着中断了自己与女孩的谈话，在女孩内心里是不希望看到父母失望的，一旦父母表现出过分的失望和担忧，就会造成女孩隐瞒真实想法的严重后果。所以，当女孩犯了错误，父母要设身处地地为女孩着想，为女孩分忧，不要对女孩的所作所为肆意发表自己的意见或者大声指责，这样女孩就会对父母说出自己内心的想法和秘密。

### 3.了解女孩的内心世界

有的时候，女孩并不愿意向父母坦白自己的想法和意见，甚至也不愿意与自己的好朋友交流，她们喜欢写成作文和日记。这时候，父母可以从女孩的作文和日记中了解她的内心世界，当然，看女孩的作文和日记，一定要征求她的同意，毕竟日记是女孩的隐私，暴露出来是需要勇气的，这需要父母理解。

### 4.与女孩成为朋友

父母要想主动走进女孩的内心世界，就要与女孩进行密切接触，消除距离感，成为“零距离”的知心朋友，这样女孩才会把自己的一些想法做法告诉父母。这时候，女孩不把父母当作高高在上的父母，而是当一个可以交心换心的好朋友，女孩对父母不会保留自己的秘密。

### 5.重视女孩的内心需要与感受

父母需要重视女孩的内心需要与感受，体会女孩的心声、苦恼，鼓励女孩表明自己的想法和感受。有时候，父母可能会不赞同女孩的一些行为，但是对女孩内心的感受也是可以理解的。父母要明确，女孩对事物的感受或心理活动往往比她的思想更能引发她的行为。所以，父母应该重视女孩的感受，并对她的感受认真加以理解和评价，这样会促使女孩在你面前展露一个真实的内心世界。

### 6.给女孩战胜困难的勇气

当女孩面对没有做过的事情，或没有把握的事情，或者面对困境和挑战的时候，最希望得到父母真心的鼓励。告诉女孩“你能行”“不要怕”“再加把油”“你是个勇敢的女孩”“要有点冒险精神呀，宝贝”，可以鼓励女孩勇敢面对，大胆进取，不断努力和尝试。

### 7.认可女孩的观点和行为

女孩往往希望可以从大人那里得到认可，但我们似乎总是让她们失望。告诉女孩“你的看法有道理”“你一定有好主意！”“你的想法呢？”而不要轻易否定她们的看法和想法，不要驳斥她们的意见，学着鼓励女孩说出意见，表达出自己的心声，让她们按照自己的想法去做做看，去尝试一番，宁愿她们从中得到教训，也不要轻易否定她们。没有试过，你怎么知道自己一定就比女孩们高明呢？

### 8.珍视女孩的进步

随时都要看到女孩的进步，并及时给予赏识，会让女孩重新建立做好事情的勇气和信心，否则会让女孩失去前进的动力。对于女孩任何的一点进步，都应该及时给予鼓励和称赞，欣慰地对女孩说“你长大了”或者“不要急，慢慢来，你已经有了进步。”“你一点也不比别人笨，妈妈每次都能看到你的努力和进步。”这些足以让女孩看到你对她的重视，产生“一定会做得更好”的勇气和信心。

## 别总说“我是为了你好”

父母总是说：“我都是为了你好。”这些话实际上是沉重的，它带给女孩的，更多的是一种压力和负担。这些话如此斩钉截铁，不容辩驳，女孩一点小小的反抗都被视为大逆不道，让女孩只能选择去顺从。父母对女孩的任何批评的话语在加上这一句“都是为了你好”之后就变得理所当然。许多女孩的天性就会因此被扼杀，最终按照被父母认为该有的路线去规划、去发展，做他们认为对的事情。

女孩总是抱怨：“从小到大，我听得最多的一句话就是‘都是为了你好’。这句话就好像一句咒语，父母总是打着爱的旗号，限制着我的自由和独立。”

只要女孩一不听话，妈妈就开始训斥：“我辛辛苦苦赚钱，做那么多辛苦的事情，还不都是为了你好？你怎么就这么不听话？妈妈一心为你好，可你呢？还反过来让妈妈生气，真是太让我伤心了。”当女孩做错事情，妈妈又开始训斥：“你以为我愿意骂你、惩罚你吗？还不都是为了你好。骂你、惩罚

你是为了让你知道你做的事情都是错的，让你知道悔改，让你知道以后该怎么做。”

女孩被逼急了，就会大叫：“我不要你为了我好，我最讨厌这句话！”

在教育子女方面，父母们容易陷入一些误区，不管女孩在想什么，不管女孩的意愿，而一味对女孩进行批评式或灌输式教育。父母永远站在权威、强势的位置上，就不能理解女孩的想法和意愿，一厢情愿地认为自己“为了女孩好”，总是命令、强压、威胁、以暴制暴，反而容易激起女孩的逆反心理，引发激烈的反抗。事实上，要想改变这种现状，就要给女孩和父母平等对话的语境，做女孩的好朋友，好伙伴，这样才能使家中的沟通氛围更和谐温馨。

### 小贴士

#### 1.征询女孩的意见

当父母制订关于女孩的某项计划或规则的时候，最好听听她的意见。无论是“每天晚上只许玩半个小时的游戏，九点以前睡觉”还是“暑假去参加某某兴趣班或夏令营”事先都最好征求女孩的意见。对于参与制订的计划，女孩更有执行的兴趣和信心、耐心。不要安排女孩的一切，问她“这周末想要怎样安排？”如果女孩太小，不妨给出选择，如“是去游乐园还是去爷爷奶奶家？”

### 2.倾听女孩的想法

父母与女孩所处的地位不同，与女孩所关心的内容不同，想法往往也不一样。父母认为好的，不一定是女孩想要的；父母认为正确的，不一定是女孩认可的。听听女孩的想法与观点，对于女孩合理的想法和意愿，应放手让女孩去独立完成，或者设法满足女孩的合理要求。对于女孩不合理的想法，要先用心聆听，然后给出合理的建议，再让女孩自己去选择，哪怕她在尝试中会摔跤。多问问女孩“你是怎样想的？”“说说你的主意？”“你觉得这样解决怎么样？”这样才能培养女孩的开放性思维，提高女孩分析问题、开创新想法的能力。

### 3.与女孩多互动

在大多数的家庭教育中，父母永远处于主导地位，女孩永远处于被动地位，被迫接受父母的命令和斥责，不管这些多么没有道理。事实上，父母不一定都是正确的，应该尊重女孩作为一个独立个体的思想和意志，让家庭沟通变成一个双向的、互动的过程，父母可以影响女孩，女孩也可以影响父母。父母应多做出自我批评和自省，用语言和行为给女孩树立榜样。少说些“大人说话，小孩别插嘴”“按照我说的去做”；多告诉女孩“妈妈也有错”“我们也有责任，忽视了你的感受”“你有什么想法，说出来看看。”这样会让女孩更重视、更尊重你。

### 4.允许女孩申辩

无论女孩做错了什么，请允许她进行申辩，并不要把这些申辩看成是狡辩，强词夺理，当然如果女孩任性，不讲道理，应必须坚持让女孩道歉。申辩也是一种权利，不能要求女孩俯首帖耳，这样的女孩没有前途。发现女孩不合你意，或者做错了事，应该首先思考到底谁出了问题，听听女孩的理由，而不能简单的训斥和责骂。不允许女孩申辩，不但不能使女孩心服口服，还会使她滋长一种抵触情绪，为说谎、推脱责任埋下恶根。女孩申辩本身是一次有条理地使用语言的过程，也是交流的过程，听听她的理由，也许你会觉得女孩这样做并没有什么错。当然申辩不等于强辩，如果发现女孩有推脱责任，强辩的倾向，应该坚持让她认识到自己的错误。

总之，父母学会平等地和女孩交流，不权威俯视，也不强势压迫和命令，倾听，然后尊重，实现平等，才能让女孩更服气，家庭氛围也能更融洽。

## 观察并了解自己的孩子

在现实生活中，许多父母经常与女孩在一起，却对女孩的一些行为表现熟视无睹或者视而不见。大多数父母忙于自己的事业发展，为生活琐事所累，他们很少有时间来观察、了解自己的女孩，所以，在父母心中并没有形成对女孩正确、全面的认识。其实，了解女孩才是教育女孩的前提。如果父母对自己的女孩都缺乏一定的认识，那又何谈教育呢?

英国教育家、思想家洛克指出："教育上的错误比别的错误更不可轻视，教育上的错误正如配错了药一样，第一次弄错了，决不能通过第二次、第三次去补救，它们的影响是终身洗刷不掉的。"家庭教育也是一样的道理，父母是女孩的第一位老师，担负着教育女孩的责任，这时候，父母首要的任务就是观察并了解自己的女孩。

放学路上，女孩一张苦瓜脸，无论妈妈怎么说，她就是不说话。妈妈憋不住了，因为刚才老师向自己反映女孩上课总是和同桌聊天。妈妈情绪上来了，对女孩不分青红皂白就责备："听说你上课总是跟同桌聊天？你怎么回事呢？妈妈这么辛苦到底是为什么呢？你为什么总是做一些令妈妈伤心的事情呢？"女孩一脸委屈："我没有，我只是……"女孩还没来得及说完，妈妈就叫道："你只是什么？只是上课说话吗？你为什么总是喜欢为自己找借口呢？做了错事，还理直气壮地为自己找借口……"

回到家，女孩在日记本上写着：今天我感到很难过，因为妈妈在不了解真相的情况下批评我。也不问我为什么要这样做，就直接说我不对。其实当时是老师讲到了一个难题，同桌觉得没理解，就小声询问我，我当时就跟她讲解清楚。没想到就这样一件小事，老师冤枉了我，妈妈也冤枉我，难道我真的做错了吗？

“你了解自己的女孩吗？”在被问到这个问题时，几乎所有的父母都会给予肯定的回答：“当然了解！”俗话说：“知子莫若父。”每一位父母在一定程度上都是了解自己的女孩的，并且他们能够说出一些女孩的特点。因为从女孩出生起，父母就是女孩最亲密、最值得信赖的人。所以，父母可以肯定地说“我很了解自己的女孩”。但是，父母自己的看法却是不够全面的，有着很多偏差，以至于出现“察子失真”的现象，这究竟是为什么呢？

## 小贴士

### 1.充分了解自己的女孩

有的父母觉得自己天天与女孩在一起，对她难道还不够了解吗？其实，许多父母对女孩的了解还停留在表面上，并没有通过细心地观察，他们的了解并不细致，也不够深入，对自己的女孩了解得并不深，没有从整体上把握女孩。父母可以在下班后，与女孩进行交谈，建立信任关系，观察女孩的情绪、性格特点、兴趣爱好，充分全面地了解女孩。

### 2.判断女孩切忌片面性

有的父母观察了女孩的行为，但他们总是带着片面的心理来判断女孩，对女孩的想法、行为以及做事判断得都不够准确。有的父母看到女孩某些方面很迟钝，就认为女孩很“笨”；有的父母觉得女孩唱歌不错，就觉得应该让她学习唱歌，父母这样片面性的判断，对女孩的成长极为不利。

### 3.经常与女孩聊天

在现实生活中，不少家庭普遍存在着与女孩的谈话不足的问题。许多妈妈与女孩每天的谈话都少于30分钟，爸爸则更少。但是，父母却花了更多的时间购物或者看电视，其实，作为父母，养成与女孩谈话的习惯非常重要。父母经常与女孩沟通，有利于培养女孩乐观开朗的心理素质，减少或预防心理障碍的发生。而且，父母在与女孩的谈话过程中，还可以通过对女孩语言举止的观察，了解到女孩在这一成长阶段表现出来的特点。

### 4.观察女孩与同龄女孩的异同

除了观察自己的女孩以外，父母还要善于观察与自己女孩同龄的女孩。同龄女孩的身体、智力、心理发展特点都是类似的，如果自己的女孩最近比较沉默寡言，这说明她有心事了，或者显得比较早熟。而且，父母还可以制造一些情景，比如带着女孩参加活动，带着女孩造访亲友，这样都可以观察女孩与平时不同的表现，了解女孩的行为特点。

其实，女孩就在身边，关键是父母要做一个有心人，要通过女孩的一举一动，一个表情，或者是一句语言，了解她的心理、情绪，全面了解女孩，把握女孩内心深处的东西，从而对女孩进行有针对性的教育，促进她个性的发展。

# 把快乐传递给青春期女孩

心理学家研究发现，健康性格是感受和创造快乐的重要方面，注重培养女孩快乐的性格，有利于女孩健康成长。女孩需要父母的微笑、友好的态度，而不是公式化的语调或者面无表情的一张脸。有时候，父母抱怨“女孩开始疏远自己”，这很大程度上都是源于父母对待女孩的态度。虽然父母是成年人，可能会有许多生活和工作的烦恼，但是在面对女孩的时候，请对女孩多一些微笑，走进女孩的心灵深处，了解她的思想，把你的快乐传递给女孩，缩短与女孩之间的心理距离。

妈妈有些望女成凤的迫切心情，平时最关心的就是女孩的学习。每天女孩高高兴兴、蹦蹦跳跳地背着书包放学回来时，总是兴高采烈地喊上一句：“爸爸妈妈，我回来了。”在书房里忙活的爸爸应了一声，妈妈则板着脸问：“今天学习怎么样？布置了哪些作业？最近又考试没有？考得怎么样？”在妈妈的连珠炮般的追问下，女孩一张笑脸变成了苦瓜脸，悻悻地提着书包进屋学习去了。时间长了，女孩就有意地避开妈妈，放学回来也不像以前那样兴高采烈地高声呼喊他们了，而是偷偷地溜进自己的房间，有时候甚至把门也锁上。隔着房门，妈妈也是语气冷冽地问：“这次考试怎么样？”门内只是传来女孩闷闷的一声“嗯”。

离期末考试越来越近，妈妈感觉到了女孩与自己的距离越来越远了，女孩话更少了，总是一副郁郁寡欢的样子，有时候还发现她早上偷偷地抹眼泪。妈妈问她，她也不吭声，妈妈慌了，这女孩是怎么了。

许多父母都很关心女孩的学习，眼睛总是死死地盯住女孩的学习成绩，每天就像例行公事一样冷冰冰地问候女孩“今天学习怎么样”“考试了吗，考得怎么样”，望女成凤的急切心情让他们忽视了对女孩健康的重视，尤其是女孩的心理健康。当父母都在问候女孩学习情况，而不是问“你今天过得快乐吗”，那么即使女孩本来有愉快的心情，在父母冷冰冰的语调下，以及板着脸的注视下也会消失得无影无踪。

于是，父母抱怨“女孩越大越不听话，连父母的话都不听了”“感觉到女孩与我有了很深的隔膜，也不像以前那样跟我亲近了”，问题的根源就是父母的微笑太少了，责备太多了；鼓励太少了，批评太多了。当女孩想与父母进行有效沟通时，父母却关紧了自己那扇心灵之门，只留给女孩一张面无表情的面孔，试问，女孩还会与你亲近吗？

## 小贴士

### 1.营造和谐愉快的家庭氛围

有的家庭，气氛比较容易紧张，父母总是板着一张脸，为了一点点小事就吵架。心理学家认为，在这样家庭环境中长大的女孩，容易疏远父母，甚至容易出现不良的行为。家庭对于女孩来说是一个温馨的港湾，一个可以嬉笑快乐的地方。愉快的家庭气氛，可以使女孩养成乐观积极向上的性格，同时，增加父母与女孩之间的亲密度，因为父母那友好的笑脸给予女孩信任与温暖。所以，父母之间要互敬互爱，多对女孩笑笑，让家庭气氛充满欢声笑语，这对女孩来说是非常有必要的。

### 2.在女孩面前控制自己的情绪

有时候，父母也会因为工作和生活上的一些烦恼而愁眉苦脸，这时候，为了女孩健康成长，需要努力控制自己的情绪，面对女孩时露出笑脸，让她感染快乐的情绪，与自己亲近起来。许多父母自己有了烦恼，就会对女孩大吼大叫，冷着一张脸，说话也是冷淡的语调；有的父母在女孩犯了错时，控制不住自己的情绪，对女孩施行打骂教育。这样时间长了，女孩就

会逐渐远离父母，与父母之间的隔阂越来越深，根本不利于父母与女孩之间的顺利交流。所以，在女孩面前，父母需要努力控制自己的情绪，多给女孩一点微笑，多一些鼓励，这样女孩与你的距离就会越来越近。

### 3.多一些微笑与鼓励，少一些责备与批评

家庭教育是教育的重要部分，家庭教育的方式也成为了重中之重。父母对女孩要多一些微笑与鼓励，少一些责备与批评。责备越多，女孩所受到的心灵伤害就越多，她内心对父母增加了防御与反抗，父母与女孩之间的距离就会越来越远。所以，父母要改变自己家庭教育的方式，给女孩多一些微笑与鼓励，少一些责备与批评，做女孩最亲近的知心朋友。这样，在女孩的成长路上，你才能走进女孩的心灵世界，读懂女孩的真实内心。

## 把她放在平等位置，与女孩成为朋友

把女孩放在平等的位置，与女孩成为朋友，这些道理父母都懂，但是，在与女孩沟通的时候，父母还是会犯一个严重的错误。父母始终把女孩摆在自己对立面的位置，他们认为自己说什么，女孩就得听什么，凡事以自己为标准，有的父母甚至不知道怎样去放下自己的身段和女孩在平等的高度上自由地交流。

其实，女孩的心灵世界，远比父母想象的还要丰富，也比想象中更敏感，女孩会用自己的标准去判断事物的好与坏，去衡量父母在自己心中的位置。所以，要想了解女孩，与女孩进行顺利的沟通，并不是说几句简单的话就有效果的，而是需要父母放下自己的高姿态，把女孩摆在与自己同等的位置上，这样才能进行有效而顺畅的沟通。

放学回来，爸爸让女孩文文赶快去写作业，文文磨蹭着脚步，嘀咕着说："爸爸，我先把这本课外书看完，行不行？"正在为工作烦心的爸爸有点不耐烦地说："爸爸叫你去写作业，你就去写，不要在那里啰啰嗦嗦，也不要在那里讨价还价，明白吗？爸爸正忙着呢。""我也有说话的权利。"文文小声地说道，就赶紧溜回了自己的房间。

正准备发火的爸爸听到了女孩的那句话，有些不可理解："你一个女孩，有什么说话的权利？爸爸说这些话都是为了你好，你年纪还小，又没判断力，得听爸爸妈妈的。"

许多父母在女孩面前都是高高在上的姿态，言行举止中透露出作为父母的威严与不容侵犯的权威。于是，对面的女孩显得战战兢兢，在与父母的相处中，她学会了不讲道理，学会了"镇压"的方式，她甚至学会了父母的沟通方式。在女孩嘴里，也经常蹦出"闭嘴，我不想再听了""你跟我说再多还是没有用，我已经决定了"等这样一些字眼。

父母感到诧异，女孩怎么会用这样一种语气与自己谈话呢？有的女孩对父母完全关闭了自己的心灵之门，无论父母怎么劝说，女孩就是不肯说出自己内心的想法。出现这样一些现象，都是因为父母在很多时候，都习惯以高姿态来教育女孩。他们认为女孩什么都不懂，在很多事情上，父母擅自做主，不允许女孩有一点点逆反，如果女孩提出了异议，父母就会大手一挥："你懂什么，该干什么就干什么去。"这样一种高姿态扼杀了女孩想表达的欲望，也断裂了父母与女孩之间亲密的关系，继而给双方的沟通带来一些阻碍。

## 小贴士

### 1.与女孩平等沟通

父母要想自己的想法被女孩所接受，就要找准自己的位置，放下自己的高姿态，与女孩进行平等沟通。父母与女孩的平等沟通，不仅仅是位置与角度都与女孩们一致，更是思想观念上的一致，尽可能地与女孩站在平等的位置上交流，了解女孩的思想，这样才能真正地了解女孩的所思所想，与女孩实现更有效的沟通。

### 2.父母应反思自己的教育方式

有的父母说自己的女孩越来越不听话，这时候，父母应该反思自己的教育方式，自己对女孩了解多少呢，是否与女孩平等地沟通了呢？女孩有自己的想法和意见，若父母发现了女孩想表达的欲望，就要循循善诱，让女孩大胆地表露出自己的想法，对于女孩的想法，父母如果觉得合理，可以给予支持。当父母实现了与女孩的平等沟通，父母才会更受尊重。

### 3.蹲下来，做女孩的朋友

父母感觉女孩会处处与自己作对，女孩感觉父母处处限制自己的自由，追根究底，就是父母没有成为女孩的朋友。要想了解女孩更多，与女孩进行更加有效的沟通，就要放下自己的高姿态，做女孩的朋友。当你把女孩当成了朋友，平等地相处，她也就会用心学习了，因为这样调动了女孩的积极性，让她主动意识到学习的乐趣，这比打骂教育更有效。在你与女孩成为朋友的过程中，她体会到了尊重，体会到了与你相处的快乐，作为父母，你收获的是否会更多呢？

# 第4章

## 青春期女孩的脆弱：细心呵护，为她撑起一片蓝天

汪国真曾说：“人虽是哭着出生，却必须笑着活。”怯弱是一个人与生俱来的情绪，而勇敢则是后天所练就的。面对未来的人生，每个女孩都会心怀怯弱，但勇敢与怯弱并不是绝对对立的两面，从怯弱中诞生出来的勇敢才是真正可以战胜自己的一剂良药。

# 引导女孩给自己准确定位

奥格·曼蒂诺曾这样写道：“我们的命运如同一颗麦粒，有着三种不同的道路。一颗麦粒可能被装进麻袋，堆在货架上，等着喂给家禽；有可能被磨成面粉，做成面包；还有可能撒在土壤里，让它生长，直到金黄色的麦穗上结出成千上万颗麦粒。人和一颗麦粒唯一的不同在于：麦粒无法选择是变得腐烂还是做成面包，或是种植生长。而我们有选择的自由，有行动的自由，更有心的自由。我们不该让生命腐烂，也不会让它在失败、绝望的岩石下磨碎，任人摆布。”

在生命历程里，女孩要给自己准确定位，展现出自己的人生价值。

1952年7月4日清晨，加利福尼亚海岸还笼罩在浓雾之中，在海岸以西21英里的卡塔林纳岛上，34岁的费罗伦斯·柯德威克涉水进入了太平洋，她开始向加州海岸游去，如果这次能够成功，她就会成为第一个游过这个海峡的妇女。在这之前，费罗伦斯·柯德威克是从英法两边游过英吉利海峡的第一个妇女。然而，这天清晨似乎没有想象中顺利，海水冻得费罗伦斯·柯德威克身体发麻，由于浓雾越来越大，她几乎看不到护送自己的船，一个小时过去了，又一个小时过去了，无数的观众在电视上注视着她。对费罗伦斯·柯德威克来说，诸如此类的渡海游泳中最大的问题不是疲劳而是刺骨的水温，15个小时过去了，费罗伦斯·柯德威克被冰冷的海水冻得浑身发麻，她知道自己不能再游了，就叫人拉她上船。而柯德威克的母亲和教练就在另一条船上，他们告诉她："海岸很近了，不要放弃。"但是，费罗伦斯·柯德威克朝加州海岸望去，前面是一片浓雾，什么都看不见。几十分钟以后，人们将柯德威克拉上了船，而拉她上船的地点，离加州海岸只有半英里。

当有人告诉柯德威克这个事实后，从寒冷中恢复知觉的她看起来很沮丧，她对记者说："真正令我半途而废的不是疲

劳，也不是寒冷，而是因为在浓雾中看不到方向。”在费罗伦斯·柯德威克的一生中，只有这一次没有能坚持到最后。两个月后，柯德威克再一次尝试，这次，她成功地游过了这个海峡，她不但是第一位游过卡塔琳纳海峡的女性，而且比男子的记录还快了大约两个小时。

对于柯德威克这样的游泳能手来说，还需要方向才能鼓足干劲完成她有能力完成的任务，对许多女孩而言，更需要为自己的人生确立方向。对机器而言，一个螺母假如找不到自己合适的位置，充其量不过是一个被称作螺母的废铁。

### 小贴士

#### 1.你的特长是什么

女孩首先应该明白自己的特长是什么。是唱歌还是跳舞？是书法还是绘画？是语文还是英语？明确了自己的特长之后，才能够准确定位自己的人生，比如有绘画特长的女孩可以朝着“画家”“美术专业”靠拢，当然，这并非绝对的，还需要参考女孩的文化成绩。当然，女孩不能自卑地认为自己完全没有特长，只要你仔细分析，就一定能够找到自己的特长。

#### 2.正确评价自己

不管是自卑的女孩，还是自负的女孩，都应该对自己有一个正确的评价。自卑的女孩，不能只看到自己的不足：比如成绩不好，就整天躲在教室角落，或许你温和的个性赢得不少同学的喜欢呢。而那些自负的女孩，不能只看到自己的优点，而忽视了自己的缺点。正确的评价往往是既看到优点，又看到缺点，这才是一个全面的自我认识。

### 3.坚信自己的价值

女孩要学会善待自己，在考砸时鼓励自己，在学业上升时勉励自己。或许，在生活和学习的过程中，总会遭遇无法避免的挫折与困难。不过，不管女孩受到什么样的打击，即便女孩正在经历着痛苦、挫折，也不应该忽视了自己的价值，不要觉得自己一无是处，也不要骄傲自大。以一份崇高的使命感，展现出自己的人生价值。

## 做保持自己独特魅力的女孩

爱默生曾在自己文章《论自助》中写道："一个人总有一天会意识到嫉妒是没有用的，而模仿等同于自杀。因为不管好坏，人只有凭借自己才能做得更好。因为只有在自己的田里耕种，才能获得营养的玉米。上帝赐予我们的能力是独一无二的，与众不同的，只有当你亲自努力尝试运用，你才会看明白这份能力到底是什么。"

芭芭拉是一位时尚的女郎，当然，她对时尚的热爱与对男人的热爱是如出一辙的。为了让自己的魅力能够留住年轻帅气的男朋友，她每个月都会花大部分钱在梳妆打扮上面。每当市场有新款式的衣服上市，她总是跑在最前面，虽然昂贵，但她从来不手软。一些节省的女孩总是等到衣服打折之后再买，但是芭芭拉不这样认为，她觉得如果满大街的人都在穿这个款式的衣服，那自己的魅力就无法展现了。所以，每一个款式的衣服刚刚上市，芭芭拉就会毫不犹豫地将衣服买下来。因为这样，她身边的朋友都开玩笑："有了芭芭拉在身边，根本不用去买时装杂志也知道最近在流行什么。"

俗话说，女为悦己者容。芭芭拉认为自己每天打扮得漂漂亮亮，一定会赢得男朋友的喜欢。但是，她完全没有想到，男朋友竟然向自己提出分手，当时他就告诉芭芭拉："我已经喜欢上另外一位女孩，她是玛莎小姐。"芭芭拉感到非常不理解，不明白自己为什么会输给玛莎小姐。实际上，玛莎小姐简直是一个没有品味的女孩，她一年四季总是穿着那件古董级的职业装。但是，男朋友却对芭芭拉说："芭芭拉，其实我从来没有认真注意过你穿什么样的衣服，即便你穿着全纽约最好看的衣服，但在我看来也没有什么区别。可是你知道吗？正是因为你总是在追求好看的衣服，反而让我觉得你是一个只知道花钱不知道挣钱的人，所以我选择离开你。"

芭芭拉根本不服气，她生气地说："即便这样，你也不应该选择像古董一样的玛莎小姐。"男朋友却摇了摇头："你错了，芭芭拉，尽管玛莎小姐总是穿着那黑色的职业装，不过在我看来却非常有魅力，虽然在你看来不算什么时尚，但是她却始终保持自己一贯的风格和独特的魅力，也正是这样的魅力才打动了我。”

或许直到最后芭芭拉也不知道自己输在哪里，尽管她追求潮流没错，不过那同样会让她失去自我。

## 小贴士

### 1.选择适合的服装

莎士比亚曾说：“如果我们沉默不语，衣裳和体态也会泄露过去的经历。”喜欢打扮的女孩们，你们知道吗？如果你的打扮让人对你的身份产生不好的联想，那说明你的装扮很不合适。无论你是追求个性，还是追赶潮流，最好还是选择符合自身年龄、身份的装束，这样你才会更加美丽。

### 2.找回自信

如果女孩特别在意自己的外表，其实那是女孩不自信的表现，她通过穿奇装异服来证明自己与众不同。面对这样的情况，女孩应该努力找回自信，重新建立自信心。因为一个真正自信的人是不需要刻意来证明自己的，更不会通过奇异的发型服饰来引起别人的注意。

### 3. 正确看待“时尚与美丽”

青春期女孩经常跟着时尚走，社会流行什么，她就模仿什么。对盲目追逐时尚潮流的现象，女孩应该保持警惕心理，时尚其实就像浪潮，或许你认为现在流行的是美的，但是过不了多久，它就被淹没在大海里，因为新的浪潮又打过来了，而你追逐时尚的过程，其实就是一个永远没有办法停下来的过程。而且，真正的时尚来自心里，而不是外在表现，就算你打扮再时尚，其实就是一个中学生。

## 活在当下才是最美的女孩

歌德曾说：“唯一的命运是不要想得太复杂，生存是义务，哪怕只有一刹那。”每个女孩都应当谨记：昨天就像使用过的支票，明天则像还没有发行的债券，只有今天是现金，可以马上使用。今天是我们轻易就可以拥有的财富，无度的挥霍和无端的错过，都是一种对生命的浪费。

三毛是我国著名的作家，她小时候是一个非常勇敢而又聪明活泼的小女孩，她在12岁那年，以优异的成绩考取了台北最好的女子中学——台北省立第一女子中学。在初一时，三毛的学习成绩不错。到了初二，数学成绩一直滑坡，几次小考中最高分才得50分，三毛心里很自卑。

但聪明而又好强的三毛发现了一个考高分的窍门。她发现每次老师出小考题，都是从课本后面的习题中选出来的。于是三毛每次临考．都把后面的习题背过。因为三毛记忆力好。所以她能将那些习题背得滚瓜烂熟。这样，一连六次小考，三毛都得了100分。老师对此很怀疑，决定要单独测试一下三毛。

一天，老师将三毛叫进办公室将一张准备好的数学卷子交给三毛，限她10分钟内完成。由于题目难度很大，三毛得了零分。老师对她很是不满。接着，老师在全班同学面前羞辱了三毛。他拿起蘸着饱饱墨汁的毛笔，叫三毛立正，非常恶毒地说："你爱吃鸭蛋，老师给你两个大鸭蛋。"他用毛笔在三毛眼眶四周涂了两个大圆圈。因为墨汁太多，它们流下来，顺着三毛紧紧抿住的嘴唇，渗到她的嘴巴里。老师又让三毛转过身去面对全班同学，全班同学哄笑不止。然而老师并没有就此罢手，他又命令三毛到教室外面，在大楼的走廊里走一圈再回来，三毛不敢违背，只有一步一步艰难地将漫长的走廊走完。

这件事情使三毛丢了丑，她没有及时调整过来。于是开始逃学，当父母鼓励她要正视现实，鼓起勇气再去学校时，她坚决地说“不”，并且自此开始休学在家。

休学在家的日子里，三毛仍然不能从这件事的阴影中走出来，当家里人一起吃饭时，姐姐弟弟不免要说些学校的事，这令她极其痛苦，以后连吃饭都躲在自己的小屋，不肯出来见人了，就这样，三毛渐渐产生了自卑的心理。

少年时期的这段经历，影响了三毛一生，在她成长的过程中，甚至是在她长大成人之后，她的性格始终以脆弱、偏颇、执拗、情绪化为主导。这样的性格对于她的作家职业可能没有太多的负面影响，但这严重影响了她人生的幸福。

## 小贴士

### 1.自我肯定与鼓励

当女孩遇到挫折困难的时候，可以进行自我肯定与鼓励，也可以向父母寻求安慰和必要的帮助，让自己感到不孤独。女孩不要给予自己消极的暗示，比如“我真是太笨了，这么简单的事情都做不好”，因为这些反而会强化自卑与挫败感。下次在挫折与困难面前，就没有信心去面对了。

### 2.正确对待挫折

女孩对周围的人和事物的态度往往是不稳定的，她容易受情绪等因素的影响。因而，她在遇到困难与挫折的时候，也往往会产生消极情绪，不能正确地来面对挫折。这时候，女孩需要谨记“失败并不可怕，只要勇敢向前，一定能做好的”，把失败当作一次尝试的机会，重新鼓起勇气再次尝试。

### 3.给自己适当的压力

女孩要给自己适当的压力，有些事情学会自己去处理，让自己适应人生阶段性的挫折，从挫折中找到解决的办法。如果女孩面临了压力，可以向父母寻求帮助，不过千万不能将所有事情都推给父母，好像压力是与自己无关的。假如女孩觉得自己是世界上最好的，无往不胜的，无法承受批评和失败，不能承受压力，那她在未来的生活中必定是充满着痛苦的，甚至有可能被压力所吞噬。

## 引导女孩设定人生目标

歌德曾说：“每走一步都走向一个终于要达到的目标，这并不够，应该每下就是一个目标，每一步都自有价值。”一个人无论他现在多大的年龄，其真正的人生之旅，是从设定目标那一天开始的，之前的日子，只不过是在绕圈子而已。

要想获得成功，我们就必须拥有一个清晰而明确的目标，目标是催人奋进的动力。如果你缺失了目标，即使每天你不停地奔波劳碌，却还是无法获得成功，而成功者之所以能轻松地走到成功，那是因为他们的目标明确。

叶乔波在10岁的时候就开始踏上了滑冰场，她是个追求完美的女孩。当初那严酷的训练也让年幼的她疲于奔命，但为了踏上滑冰场，完成心中的梦想，她咬着牙坚持了下来。18岁那年，她的颈椎受伤了，在北京、沈阳几家大医院诊断，都被告知了相同的结论：如果再继续练滑冰，将有瘫痪的危险。于是，摆在她面前的是继续与放弃这两个艰难的选择，但生性乐观、不服输的叶乔波选择了前者。

在1988年，本来已经进驻冬奥会选手村三天的叶乔波突然被国际滑联取消参赛资格，并被罚停赛15个月，理由是她所服用的中药里含有禁药成分。即将踏上自己的人生舞台，却被告知取消了资格，这次的打击无疑是十分沉重的。对于23岁的她，似乎承受不起，因为她已经没有多少运动生涯了。

面对这样的结果，叶乔波一度丧失了希望，但她还是抱着积极乐观的心态来看待这一切。辛苦训练四年之后，她又一次站在了冬季奥运会上，准备充分的她以一连串令人震惊的成绩，让世人刮目相看。这时候，她已经28岁了，困扰着她的依然是艰难的去留选择，她考虑了很久，最终以超人的毅力留了下来，并为自己设定了更高的目标，超越荣誉的决心使她战胜了病痛。

在一次又一次的比赛中，她用自己的身体演绎了完美的神话。即使遭受着病痛的折磨，她依然展现出最迷人的风采，用不断的奋斗来充实自己的人生。

孟子说："天将降大任于是人也，必先苦其心志，劳其筋骨，饿其体肤，空乏其身，行弗乱其所为，所以动心忍性，曾益其所不能。"即使周围的环境太艰苦，或者自身所受的折磨太痛楚，如果你像叶乔波一样明确目标，给自己定位，也一定能拥抱成功。反之，如果你从来没有清晰的目标，那么这样不仅对成功没有半点促进作用，而且还会阻碍自己前进的脚步。

## 小贴士

### 1.与自身的资源相结合

女孩在设定目标时必须充分考虑自身的资源，有些女孩动不动就拿"别人"的标准来衡量自己，结果你还是你，我还是我，你永远也无法达到别人的标准。这样，女孩就容易陷入自卑的沼泽里，会以消极的眼光看待自己。

### 2.设定具体而明确的目标

女孩设定目标必须具体而明确，有的女孩设定目标"我要……"这样往往是比较笼统的。曾经有位教授做了这样一个实验：让两组实力相同的人练跳高，一组跳杆上没有高度，教授只是说："好好练习，你们可以跳得更高。"另一组跳杆上标着高度，而且要求这些人跳到1.6米、1.7米……就这样一步步地跨越。最后的结果显示，第二组的成绩远远比第一组更优秀。所以，女孩应该明白，目标并非是多多益善，而是要具体而明确。

3.目标要兼有难度与梯度

太难和太容易的事情都不具有挑战性，也不会激发出女孩的热情。太高的目标会挫伤女孩的积极性，反而起到消极的作用；太低的目标，则不会有激励价值。对于难度比较大的事情，女孩不妨分段设定目标，这样就不会给自己太大的压力。女孩的目标应有梯度，将目标细化，使其变成长、中、短期，甚至月、周、天，这样就可以沿着楼梯一步步攀登。

4.目标可以适时调节

女孩所设定的目标可以适时调节，这并非朝令夕改，而是对完成目标过程中出现的新问题、新现象进行及时反馈。任何目标的达成，都需要一个过程。许多女孩的毛病不是出在不设定自己的目标，而是对目标的达成缺乏充足的认识，缺乏足够的努力去实现目标。女孩只希望立竿见影，或者最好是不费力气就可以坐享其成，结果往往无法实现目标。

## 让女孩选择自己擅长的事

德国钢铁大王奥古斯特·泰森说："我之所以成功，不是因为我最努力，而是因为我只做自己最擅长的事情。"人生是一个选择的过程，每个人都能够选择做自己喜欢的事情。但是，这个世界上没有谁是完美的，也没有谁是无所不能的。事实上，每个人都有自己擅长的事情，也有自己不擅长的领域。

女孩应该站对位置，你可以选择自己不擅长的事情，不过假如想要赢得成功，就应该做自己最擅长且最适合自己的事情，这样才更容易获得成功。

伊辛巴耶娃，世界上第一个越过5米的女子撑竿跳运动员。众所周知，在撑竿跳这项运动中，伊辛巴耶娃确实是非常成功的。但是，谁能想到，她最初的梦想根本不是撑竿跳，她那时候最喜欢的是体操。

伊辛巴耶娃从小就对体操情有独钟，她梦想着自己有一天能成为世界体操冠军。为了实现自己的目标，她没日没夜地练习着体操，不管是寒冷的冬天，还是炎热的酷暑，伊辛巴耶娃对练习体操都不敢有一丝的懈怠。遗憾的是，随着年龄的增长，伊辛巴耶娃个子越长越高。对于一个体操运动员而言，高挑的身材反而是一种缺陷。比如，其他运动员能够翻四个跟头，太高的伊辛巴耶娃却因为个子太高只能翻两个半。显而易见，伊辛巴耶娃1.74米的身高在体操队中没有任何竞争优势。

这该怎么办？如果继续在体操这条路上坚持下去，最终只会碌碌无为，甚至有可能越来越处于劣势。于是，伊辛巴耶娃经过客观的分析、权衡，她果断地告别了体操队，不过她依旧没有放弃自己曾经的梦想——成为世界冠军。她想到自己个子高，于是，她又将梦想寄托在能够充分发挥自己身高优势的撑

竿跳运动上。

经过不懈的努力，终于，伊辛巴耶娃在撑竿跳运动中赢得了举世瞩目的成就。她在24岁时就成为了历史上最出色的女子撑竿跳运动员，曾10多次打破世界纪录，拥有5项重要赛事的冠军头衔：奥运会，世界室内、室外锦标赛，欧洲室内、室外锦标赛。

富兰克林曾说："宝贝放错了地方就成了废物。"女孩别站错了位置，学会经营自己擅长的项目，能够让自己的人生增值，而经营自己的短板，只会让自己的人生贬值。伊辛巴耶娃无疑是聪明的，她放弃了自己喜欢但不能发挥自己优势的体操运动，转而选择更具优势的撑竿跳运动，从而成就了自己的世界冠军梦想。所以，女孩们别把时间浪费在难以弥补的缺点上面，不要再让所谓的“短板”阻碍自己的成功之路。

## 小贴士

### 1.客观认识自己

女孩要想踏上成功之路，首先就必须客观地认识自己，对自己做出正确的评价，包括擅长的科目、感兴趣的科目、不擅长的学科，等等。女孩不能只看到自己的优势，结果盲目乐观、自大；也不能只看到自己的缺点，结果消极、悲观。女孩应从客观的角度对自己进行分析，明确自己的优势和缺点。

### 2.扬长避短

女孩应该明白，每个人都或多或少在某方面存在一定的缺陷，即便取得伟大成功的人也不例外。比如拿破仑个子非常矮小，罗斯福有小儿麻痹，等等。尽管那些后天如何努力都没办法改变的缺陷令人非常痛苦，不过假如你懂得扬长避短，就会赢得辉煌的成就。

### 3.平衡兴趣与优势

有的女孩根本不擅长绘画，不过她却喜欢画画，结果学了几年，还是学不好。这是为什么呢？当这个女孩将自己所有的精力和时间都用来画画的时候，她根本无暇顾及发挥自己的优势，比如写作。所以，女孩应该平衡一下自己的兴趣与优势，你可以选择喜欢的东西，不过却离成功太远；反之，假如你学会管理缺点、短处，加强自己的优势、长处，在自己不擅长的事情上懂得适可而止，将更多的时间和精力放在自己擅长的事情上面，那就会获得更多的自信、快乐，也更容易获得成功。

## 引导女孩大胆尝试，努力实现梦想

智者说：“只要你迈步，路就会在脚下延伸。只有启程，我们才会向理想的目标靠近。”无论你的梦想和目标是什么，这些都只是你成功的开始，更主要的是立即开始行动，从而实实在在地看到成功的希望。许多人忽略了这一点，其结果都是以失败告终。

伊丽莎白不是哈佛毕业生中最出色的一位，也并不具有非凡的才能，人们对她的敬佩，不是因为她年纪老迈，而是因为她勇敢尝试、始终坚持的毅力和决心。

这一天，身穿毕业生礼服、头戴黑色学士帽的伊丽莎白·麦克尼尔从哈佛校长手中接过毕业证书，在获得文科学士学位的同时，她还被颁发了一个表彰其学术成就和品德的奖项。

伊丽莎白早在1941年就高中毕业了，之后，她陆续生了4个女孩。26年前，她成为哈佛大学健康服务部门的员工。哈佛的学术氛围令她对学习产生了很大的兴趣，于是几年后，她开始尝试在哈佛“蹭课”。

但是在这之后的很多年里，她并没有正式注册当学生，因为她觉得自己没有能力完成哈佛的课程，一度想放弃拿到哈佛学历的念头。

直到9年前，同事和同学的鼓励让伊丽莎白产生了争取学位的念头，那时她已经73岁了。对于一个普通的73岁老人来说，安享晚年是最好的选择。而伊丽莎白不甘心就此放弃自己的理想，她再次鼓起勇气，走入了哈佛的课堂，她给自己制订了“10年目标”，并经常向女孩们许诺，要在83岁之前从哈佛毕业。

如今满脸皱纹的伊丽莎白在哈佛工作了25年，学习了20年，攻读了9年学位，最终赶在自己的孙女之前获得了本科学历。在哈佛，伊丽莎白可谓是独特的一位学生。许多教授，都以伊丽莎白的事迹作为案例，鼓舞学生：树立信心、果敢尝试，走属于自己的路。

人的一生有太多的等待，在等待中，我们错失了许多的机会；在等待中，我们白白浪费了宝贵的光阴；在等待中，我们由一个花季少女，变为碌碌无为的老年人。我们还在等待什么？选择去尝试，总不会让自己在原地踏步。人生就是如此，只要你迈步，路就会在脚下延伸。

**小贴士**

### 1.应该保持浓厚的好奇心

女孩应该保持浓厚的好奇心，对于那些好奇的事物应该采取实际行动去接近它，为其揭开神秘的面纱，比如游戏这么好玩，它是如何设计出来的？女孩要去解答这些疑问，就会进一步地钻研，翻阅计算机书籍或者百科全书，这样就产生了兴趣的开端。

### 2.保持兴趣的稳定性

比如姚明之前喜欢考古、航模，甚至喜欢打游戏机，但他发现自己的兴趣所在之后，他就全身心地投入到篮球这项运动之中。同样的，女孩要培养自己的一份兴趣，就要不间断地去熟悉它，逐渐地让它成为自己生活的一部分，每天都接触到它，时间久了自然会“上瘾”，比如喜欢弹钢琴的女孩，一天不练习就觉得全身没劲，那是因为钢琴已经成为了她生活中的一部分。

### 3.需要将兴趣延伸，使之成为特长与技能

如果你整天都玩电脑，但只是随便的消磨时间，并没有将自己对计算机的兴趣延伸，那么这样重复下去，你将对计算机失去兴趣。当女孩在对某件事物感兴趣的时候，需要有一个深入的方向，将自己的兴趣延伸，一层一层地向前“翻阅”，你会发现在兴趣中获得的快乐将越来越多。

### 4.可以选择一些“志趣相投”的朋友

另外，女孩应该选择一些“志趣相投”的朋友。比如自己喜欢文学，那就选择几位文学爱好者。这是因为自己即使对某样事物有着极大的兴趣，但总会有停滞的时候，这时候，如果有几个朋友在旁边加油鼓劲，就会让自己对兴趣事物越发专注。

# 第5章

## 青春期女孩的敏感：及时关注，识别她的情绪

青春期既是花季，又是雨季。看起来那么美好的年龄，却藏了无数的烦恼。女孩们在这一阶段身心的变化导致了她们情绪多变的心理特点，很容易伤春悲秋，作为父母需要引导女孩养成积极开朗的性格，顺利地度过青春期。

## 情绪多变期，理解女孩的情感变化

青春期女孩动不动就喜欢说“不”，而且经常是你说什么她都会说“不”。心理学研究表明，这是女孩独特的表示自立的正常方式。女孩开始说“不”，是她形成自我认识的开端。而当生活里的某些事情或某些要求与其个体的兴趣、需要和愿望等不一致的时候，女孩就会产生消极情绪，诸如抵触、对抗、哭闹等。

与成年人一样，女孩的情绪也有消极和积极之分。在女孩大约1岁左右，她们的情绪就开始分化，2岁时出现各种基本情绪，也就是生气、恐惧、焦虑、悲伤等消极情绪和愉快、高兴、快乐等积极情绪。积极的情绪对女孩的身心发展可以起到促进作用，有助于发挥女孩内在的潜力；消极的情绪则可能让女孩心理失衡。

静雯上初三了，本来应该是活泼好动、洋溢着青春气息的女孩。但是静雯给人感觉却很老成，浑身上下看起来没什么精神，哪怕穿着最时尚的裙子，走路也是毫无精神，看起来随时都像没睡醒的样子。而老师已经多次跟父母反映，女孩喜欢在上课时睡觉，本来静雯成绩还可以，但正因为精神状况不太好，成绩又下滑了几名。

父母感到着急，这女孩是怎么了，这个年纪怎么也得是一个活蹦乱跳的女孩啊，可她活得好像一个老人一样。如果读书，生活还算规律，不读书就每天玩电脑到很晚，第二天睡到中午，起来也是无所事事，甚至有时饭也不吃。妈妈带着她去看过医生了，经过检查之后，医生做出结论：这并不是病症，需要开阔心胸，多运动比较好。

妈妈耐心问女孩："你怎么了，怎么每天看上去没精打采的？"静雯依然是默不作声的表情："我觉得一天也没什么值得高兴的事情啊。"当妈妈提出去吃她最喜欢的火锅，静雯也是安静地回答："可以啊，我随便啊，你想吃什么就吃什么。"语气里不夹杂着丝毫的情绪，好像什么事情也提不起她的兴趣。

对青春期女孩而言，产生情绪是一件很正常的事情。当一个成年人发脾气的时候，旁边的人会安慰，或者会知趣地离开。但是，当一个女孩发脾气的时候，她受到的却是父母的斥责，甚至是挨打，这其实是极不公平的。所以，一旦女孩有了消极情绪，父母需要做的是理解、帮助，而非责备、训斥。

**小贴士**

### 1.女孩合理表达情绪

青春期女孩情绪容易波动，当负面情绪袭来的时候，应该找寻合理的方式将情绪发泄出去。因为情绪一旦产生，宜疏导

而非堵塞，尤其是当女孩遭遇挫折或困难的时候，应该及时发泄情绪，这样可以减轻精神上的压力。在生活中，父母要引导女孩合理表达情绪，避免让女孩受压抑地通过言语或非语言的方式表达自己的情绪，这样可以确保女孩身心健康。

### 2.耐心开导女孩

当女孩发脾气的时候，父母需要耐心开导她，让女孩知道自己内心的感受。父母可以告诉女孩，发脾气时可以做什么，不能做什么，允许女孩以正确的渠道发泄情绪。在合适的时间段，可以给女孩说一说自己亲身经历的挫折和困难，自己当初又是如何战胜困难的，毕竟女孩年龄比较小，很少经历创伤和挫折，这个时候父母就是女孩的榜样。若是父母和女孩多聊这些话题，那势必会对她产生积极的影响。

### 3.鼓励女孩说出真实感受

倾诉是一种合理的方式，父母可以引导女孩把在学习时遇到冲突或挫折时的感受告诉自己，同时给予同情、理解、安慰和支持。女孩对父母有很大的依赖性，父母对女孩表现出的同情或宽慰会缓解甚至清除女孩的心理紧张和情绪不安。即便在女孩倾诉的内容不合理的情况下，父母也要耐心地听下去，至少保持沉默，等女孩倾诉完毕之后，再与她讲道理。

### 4.让女孩认可自己

父母要善于发现女孩的优点，同时将这些优点与女孩熟悉或崇拜的先进人物、英雄人物的优点比拟，让她在内心认定自己与他们的性格一样，从而激发女孩在思想和行为上向他们学习。当女孩不断突出自己的优点，同时自我认可和肯定的习惯慢慢养成之后，其消极的情况就会得到改观。

### 5.让女孩转移注意力

转移注意力，是合理宣泄情绪的最佳途径。父母要让女孩学习在遇到冲突和挫折时，不要将注意力集中在引发冲突或挫折的情境之中，而应尽可能地摆脱这种情境，投入到自己感兴趣的活动中去。比如女孩在玩游戏中与其他女孩发生冲突，那可以让她到图书馆看会书，将积累的情绪能量发散到其他地方。

### 6.告诉女孩在困难面前冷静

父母可以告诉女孩，生活中并不是每件事都会让自己满意，一个人总是会遇到这样或那样的挫折，生气和难过都是没有用的，而是需要有意识地控制自己的情绪，保持冷静。同时父母可以通过带女孩旅游、登山，丰富她的精神世界，锻炼她的毅力，尽可能帮助女孩形成坚毅、开朗的性格。

## 帮助女孩远离“抑郁”的阴影

女孩小升初时以第一名的成绩入校，喜欢玩游戏。结果中考前因紧张焦虑，成绩离重点线差20分。上中学以后，开始厌学，当地心理咨询七八次后没效果，上了一学期休学在家，后又两次尝试到校，各上一个月左右的时间，现在一直休学。平时在家里经常难过，感到无力无助，冲动时就摔东西，失眠心慌胆小，精力无法集中，无所事事只好打游戏，有时提到不如去死可又不敢。女孩现在这样子，真是不知道怎么办才好。

心理学家认为，案例中的女孩是患了青春期抑郁症。与身边的同龄女孩关系差的女孩更容易患抑郁症，除了人际关系导致的抑郁情绪积累之外，学习压力大、与老师关系差、父母婚姻破裂等，都对女孩产生着很深的影响。

抑郁症是指以情绪抑郁为主要特征的情感障碍，不但包含有抑郁寡欢、忧愁苦闷的负面情感，且有怠惰、空虚的情绪表现。不过人们经常会误以为抑郁症只会发生在有自我意识能力和情感丰富的成人身上，而不会发生在青春期女孩身上。抑郁对女孩的身心发展非常有害，会使女孩心理过度敏感，对外面世界采取回避、退缩的态度，同时还可造成儿童身体发育不良。

青春期女孩的世界应是缤纷多彩的，充满快乐和欢笑的，但是有的女孩在这个美好的年纪却总是郁郁寡欢。由于各种原因，很多女孩经常被抑郁的情绪所侵袭，严重者就会成为抑郁症。无疑，这是一个令女孩本身和父母都感到痛苦和困惑的问题。作为父母，应该怎么样帮助女孩远离“抑郁”的阴影呢？

### 小贴士

#### 1.让女孩感到温暖

心理学家认为，良好的家庭支持和家庭凝聚力是女孩健康成长的持久动力。平时生活中，父母应常常检查自己的情绪，避免自己身上的负面情绪影响到女孩。学会尊重女孩，顺畅地和她沟通，为她创造一个亲密、融洽、温馨的家庭氛围，让女孩体会到家里的温暖和安全。

#### 2.让女孩多与人交往

父母平时要真诚待人，鼓励女孩多与人交往，教会她与同龄女孩融洽相处，多组织女孩间的情感交流活动，培养女孩广泛的爱好和乐观宽容的性格，享受友情的温暖。

### 3.培养女孩好的性格

平时父母需要多发现女孩的优点并恰当地给予表扬和鼓励，从小培养女孩的自信与应付困境乃至逆境的能力，教育女孩学会忍耐和随遇而安，在困境中寻找精神寄托，比如参加运动、游戏、聊天等。

### 4.尊重女孩的兴趣

父母平时要适当给女孩一些自己的时间和空间，让女孩在不同的年龄阶段拥有不同的选择权。不要对女孩期望太高，不要过分纵容女孩或太过苛求，应按照女孩自身的能力和兴趣来培养她们。

### 5.纠正女孩认识上的偏差

假如女孩已经出现抑郁症状，那父母要给予她适时的积极暗示，教导女孩理智调节自己的情绪，纠正认识上的偏差。父母可以寻找一些令她开心或振奋的事情，让愉快的事情占据女孩的时间，以积极的情绪来抵消消极的情绪，引导女孩适当地发泄内心郁闷的情绪。在有必要的情况下，可以及时找心理专家咨询，予以积极的治疗。

### 6.时刻注意女孩的情绪变化

假如你的女孩在学校或外面风光无限，非常活泼，在家的时候却总是唉声叹气、异常颓废，完全与学校的情况判若两人，作为关心女孩的父母，需要担心女孩是不是有“隐形抑郁症”的问题了。

## 引导女孩调节自己的情绪

处在青春期的女孩，至少面临着三方面的压力和挑战：一方面身体正在迅速发育，尤其是性方面的发育和成熟，让她们积蓄了大量的能量，容易兴奋过度；另一方面，她们学习任务比较重，所承受的心理压力很大。而随着年龄的增长，她们渴望对外部社会有更多的了解，人际交往也逐渐增多，各种各样的信息纷至沓来，这就使她们需要处理的问题越来越多，越来越复杂了。

以上这三方面的压力常常交织在一起，矛盾此起彼伏，尽管女孩们生活的内容大大丰富了，不过也不再像幼儿园、小学时那样单纯容易了。而这时，她们大脑的神经机制并没有发育健全，调节能力还比较差，所以面对各种压力和刺激，便很容易产生心理不平衡的现象。青春期女孩又不像成年人那样善于控制或掩饰自己，常常喜怒皆形于色，便显得情绪忽高忽低，十分不稳定了。

女孩进入青春期之后，就突然性情大变，经常惹得我很生气。有一次，我们一家人高高兴兴地出去玩，刚开始女孩兴致也很高，和她表弟玩得挺开心的，我还给她买了一个小礼物，她很开心，一路上都有说有笑。吃饭时，小表弟看着女孩的礼物说他也想要同样的礼物，当时我想一会出去再买一个吧，当即就把女孩的礼物递给他。这一幕被女孩看到了，刚才还在高兴的她脸上没有了笑容，愣了一会儿，直接从小表弟手上抢过小礼物，转身就扔在地上，这还不解气，还使劲踩了几脚。我惊呆了，一向听话的女孩怎么就性情大变了呢？

有一天下午，由于隔壁家的女孩在我家里玩，正巧我们马上要准备吃晚饭了。当时还是女孩邀请对方在这里吃饭，我和爸爸也答应下来了。在饭桌上，女孩给爸爸夹了一块糖醋排骨，正好邻居家女孩说："我也想吃。"于是爸爸就将那块糖醋排骨放到了那个女孩碗中，女孩看到了脸色有些不对，默默低头吃饭，不一会儿，我发现女孩眼睛都红了。这女孩是怎么了？

尽管情绪不稳定是青春期女孩的心理特点，不过由于情绪的波动会给女孩们的生活带来一定影响，比如影响与他人的关系、分散学习注意力，长期的恶劣情绪还会使女孩生病，父母要引导女孩调节自己的情绪。

## 小贴士

### 1.尊重女孩的话语隐私权

青春期女孩情绪很受自尊心影响，特别是青春期的女孩自我意识快速发展，有着强烈的自尊心，爱面子，她们迫切希望自己有独特之处，并开始注重自己的外表。这些都是青春期女孩的共性，父母可以对此正面引导。在许多事情给足女孩面子，尊重女孩的话语隐私权，别动不动就对其进行批评说教，随便翻她的东西。

### 2.别刺激女孩的情绪

青春期女孩的情感世界充满着风暴，情绪波动大。当她们赢得一点点成绩，就会沾沾自喜，得意忘形；若是遇到一点挫折，就会悲观失望，甚至心灰意冷。在这段敏感时期，父母应多注意观察女孩的情绪状态，少唠叨，切忌给女孩带来新的刺激。假如亲子关系不错，那成为女孩最忠实的听众即可。

### 3.让女孩走出去交朋友

青春期女孩有着强烈的交友意识，她们渴望结交志趣相投、年龄相仿、能够互相理解、分享生活感受的知心朋友，她们也比较在意别人眼里的自己。有时候为了朋友的平衡与协调，宁愿自己受委屈，对别人的嘲笑、蔑视比较敏感。所以，父母应避免给女孩带来不公平、委屈的感觉，更不要漠视不

管，需要和女孩分享交友过程中的收获，而不是挑剔指责她们交友不当。即便她所交的朋友有问题，父母的指责也没有任何效力，这样只会把女孩推到朋友身边去。

### 4.正确看待女孩与异性交往

在异性交往方面，青春期女孩经常是既好奇又充满困惑的。有的女孩见到异性就脸红，畏首畏尾；有的女孩活泼大方，和异性朋友交往过密。假如女孩在家里与父母沟通不畅，那她很容易找一个异性的朋友吐露心里话。这时父母不能武力镇压，简单粗暴的打压只会把所谓的早恋逼入“地下”，女孩们会更加坚定地朝着相反的方向走去。面对这样的情况，不如冷处理，先了解情况，再做具体的计划，或是引导女孩与异性朋友交往，或是帮女孩分析与异性之间的关系，当然，这些都需要事先征得女孩的同意。

## 女孩容易陷入典型的自卑情结

自卑心理指的是自我评价偏低，按照心理学家阿德勒的理论，自卑感在个人心理发展中有着举足轻重的作用。阿德勒认为，每个人都有先天的生理或心理欠缺，这就决定了人们的潜意识中都有自卑感存在，而6~11岁是决定一个人心理倾向是勤奋向上还是自卑、自暴自弃的关键阶段。

青春期女孩很容易陷入典型的自卑情结中，她不敢打扮是由于自我价值感很低，总觉得自己不如别人，感到自卑。而青春期女孩自卑的原因有很多，比如单亲，身体肥胖，成绩不好等等。有些女孩是因为自己长得胖，样貌很普通，认为自己不被异性关注，不值得打扮得漂亮，甚至过于丑化自己，形成破罐子破摔的心理。

小美家住在农村，读书要走一个小时的路程，家里条件不怎么样，父母都是面朝黄土背朝天的农民，除了按时缴纳学费和生活费，根本没有闲钱供小美穿漂亮的衣服。小美从小就自卑，感觉总是比身边的同学低一等，炎热的暑假，当同学全国各地去旅游时，她却在家里帮爸妈干农活，白净的皮肤晒黑了，这使得她更不愿意穿短袖了，每天都是朴素而毫无生气的长衣长裤。

不仅如此，小美觉得自己长得也不漂亮，眼睛不够大，鼻子不够挺，像自己这样的女孩，怎么会招同学喜欢呢，难怪那些男同学都围绕着班里最漂亮的女孩转。每当这时候，小美总是躲在角落里暗暗叹气。自卑的小美还特别敏感，她时常坐在教室的角落里，观察着身边同学的一举一动。有时候，她会注意到班里最喜欢聊天的女孩围聚在一起聊着什么开心的事，聊着聊着就开始大笑起来，而且眼光还不时瞟向自己的角落。难道他们在议论我土吗？小美总是这样猜测着，因为怀着这样的想法，每次看到那几个同学，她总是带着某种厌恶感。

实际上，许多青春期女孩都会因为身体和性格的重大变化而感到惶恐。较为极端的情况就是由于身体发育与别人不同而感到自卑。大部分的青春期女孩有着强烈的自尊心和好胜心，希望得到别人的尊重和理解。

但是，有的女孩由于长期的失败经历，常常遭到不公平的待遇，因此自尊心受到严重伤害，便会产生自卑心理；逐渐长大的女孩开始用批判的眼光来看待周围的事物，对老师的简单说教，喜欢从反面思考，喜欢猎奇，容易产生固执、偏激的不良倾向，从而产生逆反心理；大部分女孩内心深处有求上进的愿望，也常常努力，不过由于她们往往不能持久，反复产生某方面的问题，由于自身的惰性，经受不住外界的压力。

当她们感到自己的身体与众不同，比如像有的女孩偏胖时，她们往往会产生与别人比较的心理。而且她们会变得特别敏感，有可能别人一个不经意的眼神和一句话，都会让她们变得更自卑。这些自卑又敏感的女孩在比较中为自以为的胖和丑感到羞愧，从而降低了自我价值感。

**小贴士**

### 1.女孩为什么自卑

忙于工作的父母在很多时候都没注意到女孩是自卑的，实际上父母应该多花点时间关注女孩，了解女孩为什么自卑。有的女孩是因为长相不漂亮自卑，有的女孩是因为成绩不好而自卑，有的女孩是因为朋友少而自卑。每个女孩都渴望成为大家关注的中心，自卑的她们压抑了正常的心理需要，用另一种方式来表达自己的内心。越爱美越不敢表现美；越是想要人关注，越是不敢被人关注，从而形成典型的自卑情结。

### 2.帮助女孩树立自信心

在平时生活中，父母要善于捕捉女孩的“闪光点”，重视为她树立自信心。良好的自信心是成功的一半，培养女孩的自信心，父母的悉心教育和热情鼓励不可忽视。尤其注意正确对待她们，鼓励她们积极进取，遇到困难时帮助她们分析原因，给予帮助和指导，把女孩受挫的自信心重新树立起来。

### 3.让女孩重拾自信

心理学家认为，假如一个女孩生活在鼓励中，她就学会了自信；假如一个女孩生活在认可之中，她就学会了自爱。比如经常对女孩鼓励“老师今天打电话来，称赞了你”“你最近漂亮了，真是女大十八变”……这样女孩就会慢慢重拾自信，变得开朗起来。

### 4.注重家庭教育环境与方式

青春期女孩自信心缺失，大部分原因在于家庭教育环境与方式不当。所以，作为父母应及时了解女孩不良心理状况，采用适当的教育方式，注重亲子沟通。多鼓励和肯定女孩，引导女孩走出家门，多结交兴趣相投的朋友。一旦女孩在肯定中得到了满足，那就增强了自信心。

## 女孩嫉妒是天性，引导她正确应对

在学习上，当看到有同学的成绩超过了自己，心里便觉得很不舒服；当看到自己的朋友与其他同学来往密切，便会生气、心生怨恨；当别的同学获得老师的赞扬时，心中便会愤愤不平，充满妒意……这都是青春期女孩常出现的嫉妒心理，很多女孩都知道这种心理是不好的，但是又控制不了自己。对此，父母应该积极做好引导工作。

心理学家认为嫉妒分为两种，一种是“激性嫉妒”，特征是应激性，来势凶猛，容易导致突发事件；另一种是“心境嫉妒”，它与心境有关，作用虽然缓慢但是最终却会让一个人的心境变得忧心忡忡，郁郁寡欢，备感孤寂，甚至积愤成疾。

其实不仅青春期的女孩，嫉妒是各个年龄段的人，或者说所有人的人性中共有的一个弱点。英国哲学家培根说：“嫉妒这恶魔总是在暗暗地、悄悄地毁掉人间的好东西。”大剧作家莎士比亚也说：“您要留心嫉妒啊，那是一个绿眼的妖魔！谁做了它的牺牲品，谁就要受它的玩弄。”

小梅是一个优秀的女孩，如果她的好朋友不曾在那一天到来。

小梅一直是班里的第一名，直到慧慧转校来的那一天。当老师带着漂亮的慧慧站在讲台上介绍时，小梅就感觉到了深深的威胁：慧慧成绩好、长得又漂亮。但是小梅还是跟慧慧成为了好朋友，并很快了解到关于慧慧的一切情况，慧慧的爸爸在学校当老师，家住在大城市，光这些信息，小梅就感到嫉妒了。为什么人生所有的好运都被慧慧碰上了，而自己需要付出很多的努力才获得还算可以的成绩。

于是在嫉妒心的驱使下，小梅一边跟慧慧做好朋友，一边跟其他同学开始讲慧慧的坏话。

黑格尔就曾经说过："有嫉妒心理的人，自己不能完成伟大的事业，于是尽量低估他人的强大，通过贬低他人而使自己与之相齐。"嫉妒心强的女孩势必会因为情绪不佳影响学习。另外，因为强烈的嫉妒心驱使，女孩事事争强好胜，总想给别人使小绊儿，压别人一头，这样一来，也势必会在人际交往中被孤立。由此可以看出，嫉妒是一种不良的心理状态，对青春期女孩的健康发展极为不利。

青春期女孩的嫉妒具有明显的外露性，有时还具有攻击性、破坏性。女孩的嫉妒与成年人的嫉妒有不同之处，主要是不能有效地控制自己的情感。女孩直接而坦率地表露情感，根本不考虑后果。

可以说嫉妒是一种消极的心理，是对别人在品德、能力等方面胜过自己而产生的一种不满和怨恨，是一种被扭曲了的情感。如果女孩将这样负面的心理保留到以后，那女孩就难以协调与他人的关系，难以在生活中保持心情舒畅。所以父母需要针对女孩的这一负面心理，纠正女孩的嫉妒心理。

小贴士

1.女孩为什么嫉妒

父母只有了解女孩产生嫉妒的原因，才能对她进行有针对性的教育。通常女孩的嫉妒心理产生的原因有三：一是环境影响。假如在家里，父母之间互相猜疑，互相看不起，或当着女孩的面议论、贬低他人，就在无形中影响女孩的心理；二是女孩能力较强，不过某些方面比不上其他女孩。通常各方面都比较弱的女孩，她们会处于安分的状态，因为她们已经习惯于当弱者。而那些能力较强的女孩，就会对别的有能力的小朋友产生嫉妒；三是不恰当的教育方式。有的父母经常对自己的女孩说她在什么方面不如某个小朋友，让女孩认为父母喜欢别的小朋友，不喜欢自己。这样女孩会因为不服气而产生嫉妒。

### 2.耐心听女孩的烦恼

女孩的嫉妒是直观的、真实的甚至自然的，完全不似成年人嫉妒心理那样掺杂着许多的因素，它只是女孩对自己愿望不能实现而产生的一种本能心理反应。所以，父母不要盲目对女孩的嫉妒行为进行批评，而要耐心倾听她心中的烦恼，理解女孩没办法实现自己的愿望所产生的痛苦情绪，以便于女孩因嫉妒产生的不良情绪得到宣泄。

### 3.适当指出女孩的优点和缺点

大多数女孩都喜欢受到表扬和鼓励。父母的表扬得当，可以巩固其优点，增加女孩自信；若表扬过度或不当，会使女孩骄傲，从而看不起别人。由于女孩年龄较小，自我意识刚开始萌芽，她还不会全面地看待问题，所以不能正确地评价自己和别人。所以父母对女孩的品德、能力的评价应客观正确，适当指出女孩的优点和缺点，让女孩明白每个人都有长处和短处，帮助女孩正确评价自己。

### 4.引导女孩的思维方式

女孩的思维方式主要以具体形象思维为主，通常不具备对事物进行全面分析的能力。女孩往往会将自己的嫉妒简单地归于自己或所嫉妒的对象，而不去考虑其他因素。所以，父母可以帮助女孩全面分析与所嫉妒对象之间差距产生的原因，能否缩短这些差距，采用什么样的方法来缩短这种差距。从而以积极的方式缩短实际存在的差距，化解内心的不平衡。

### 5.让女孩学会谦虚

一般嫉妒心理大多数产生在有一定能力的女孩身上，她们觉得自己有能力，却没有受到别人的表扬，所以对那些受到注意和表扬的女孩产生嫉妒。父母对此要对女孩进行美德教育，让女孩懂得“谦虚使人进步，骄傲使人落后”的道理。让女孩明白即便没有人称赞自己，自己的优点依然存在，假如继续保持优点，又虚心向别人学习，那自己才会得到更多人的喜欢。

### 6.让女孩理解人与人之间的差异性

父母应教育女孩理解人与人之间客观存在的差异性，让女孩明白每个人有自己的优势和长处，同时每个人也有自己的劣势和短处。引导女孩充分发挥自己的长处，扬长避短，在生活和学习中学会正视别人的优势和长处，欣赏别人的优点，从而可以学习、借鉴对方的优势，以弥补自己的不足。

### 7.正确引导女孩的好胜心

大多数有嫉妒心理的女孩都有争强好胜的性格，父母要引导和教育女孩用自己的努力和实际能力去与别人比较，为了找出差距，更快地进步和取长补短，不可以用不正当、不光彩的手段去获取竞争的胜利。从而将女孩的好胜心引向积极的方向。

## 让孩子带着积极乐观心态走向前方

其实，影响女孩情绪的都是一些日常生活中的小事情，如果父母能够引导女孩换一个角度去看待这些事情，也许女孩就没有那么悲观了，也会以乐观的心态来面对生活。对于正在成长中的女孩来说，乐观具有深远的意义，它会渗透到女孩的一生，影响女孩一生的幸福。

乐观的心态可以诱发女孩采取行动的强烈动机，也可以给女孩提供充满勇气、战胜困难的力量。在家庭教育中，父母就是要赐给女孩希望和乐观的心态，让女孩能够带着积极乐观的心态走向前方。

女孩彤彤平时最喜欢说的一句话就是："为什么所有的事情都是这样，就没有一件顺利的。"妈妈安慰："你换个角度看问题，或许就不一样了。"彤彤没好气地说："事情都这样了，我能怎么看啊，哎，真是烦死了。"

这天彤彤因上学时忘了带手机，结果她一整天心情都不好。一回到家就抱怨："为什么所有的事情都不按照我想的那样发展，总有这样烦的事情。"妈妈问："又发生什么事情了？"彤彤很不耐烦地说："别问我了，烦死了！"说完就摔门而去。

一位教育专家曾说："培养笑容就是培养心灵。把女孩培养成面带笑容的女孩，就是把女孩培养成为乐观、进取的人的最重要条件之一。”乐观的心态，自信的笑容，这对于任何一个人来说都是不可或缺的财富。父母在培养女孩的心理素质和性格的过程中，乐观心态的培养是一个必不可少的基本成分。女孩乐观开朗的性格并不是天生的，所以，父母的教育和培养对女孩养成乐观的性格是十分重要的。女孩的乐观心态首先源于父母，源于家庭。所以，培养女孩乐观的心态，首先就要从父母自身做起。

**小贴士**

**1.避免在女孩面前表现出伤心的样子**

父母不要因为女孩的一时挫折就表现出难过的情绪，比如女孩成绩下降了，父母若是表现得过分紧张和难过，就会影响到女孩的情绪，也增加了女孩的心理压力。所以，父母不要在女孩面前表露出难过的情绪，也不要对她的受挫进行处罚、挖苦以及责骂，父母不妨以幽默的方式，尽可能地把自己的乐观情绪表达给女孩。

**2.引导女孩以乐观的态度看问题**

一个女孩的成长健康与否，与她的心态有很大的关系，女孩良好的心态会给她带来健康的身体、健全的人格。如果父母能够有意识地培养女孩广泛的兴趣和爱好，就可以让她对生活充满了向往。父母要鼓励女孩去做有兴趣的事情，对于她不感兴趣的事情，父母不要勉强她，尽可能地让她自由发展，让女孩参加集体活动，让她感受来自同伴的积极压力。女孩拥有越来越多的成就感，极大地增强了自信心，逐渐就会形成乐观的心态。

### 3.在女孩面前展现父母的乐观心态

女孩的模仿能力极强，她可以把父母的优点和缺点一起吸收。如果父母是悲观主义者，女孩就会受影响以悲观态度来看待问题；如果父母希望女孩以乐观的态度来看待问题，就要改变自己的思想和行为习惯。父母不仅要在女孩面前表现出乐观的心态，更重要的是真正拥有乐观的心态。

### 4.换一种角度向女孩解释事情的真相

有时候，当事实无法改变的时候，父母可以给女孩不一样的说法。当父母对女孩说："现在爸爸要起草一份材料，爸爸的工作很忙。"这样会让女孩觉得爸爸很能干，工作也很重要，如果父母对女孩说："真可恶，爸爸还得起草一份该死的材料。"女孩会觉得爸爸是不情愿写材料的但却不得不写，这就留给女孩一种阴影。

著名教育学家塞利格曼曾说："父母教育女孩的方式正确与否，显著地影响着女孩日后性格是乐观还是悲观。"所以，作为父母，一定要传达给女孩积极乐观的情绪，让女孩在乐观中找到生活的自信，让女孩以乐观的心态去看待身边的每一个问题。

### 5.为女孩营造快乐自信的家庭氛围

一个自信乐观的家庭，总是能够培养出言行乐观的女孩，因为父母总是能够为女孩营造出积极乐观的氛围。也许，有的女孩天生就比较乐观，有的女孩则相反，但一些心理学家认为乐观的心态是可以培养的，即便女孩天生不具备乐观的心态，也可以通过后天来培养。因此，培养女孩乐观的心态，就需要父母为女孩营造出快乐自信的家庭氛围，让女孩快乐地学习生活，教会女孩正确面对批评和挫折，帮助女孩克服悲观情绪，多给女孩鼓励与赞赏，多给女孩温暖与笑容，这样女孩就会逐渐形成开朗的性格。

# 第6章

# 青春期女孩的学习：答疑解惑，助她搭建进步阶梯

一个人生命延续的三种方式：旅行、读书和健康。指的就是一个人的心智成长。有一句话说得好：要么旅行，要么读书，身体和灵魂必须有一个在路上。对青春期女孩而言，需要不断蜕变自我，身体和灵魂都要在路上。

## 帮助女孩认清学习的真实目的

屠格涅夫说：“知识比任何东西能给人以自由。”从古至今，屹立于世间最璀璨、最明亮的那颗明珠就是“知识”。人生须臾，在这个知识创造价值的竞争年代，对于年轻女孩来说，拥有了知识才华才能“海阔凭鱼跃，天高任鸟飞”。

现在的社会竞争日益激烈，学习的真谛是为了提高自身的素质和能力，是不断解放自我，提高改造自我能力的过程。所以，当女孩还在迷惑为什么而学习的时候，应该及时地转换自己的观点，认清学习的真实目的。

冰心是当代文坛巨匠，她亦是有着知性美的女作家。她喜欢天真烂漫的小女孩，所以她几乎花了一生的时间来给女孩们讲了无数个平凡而美丽的故事。

她自会认字后不到几年，就开始读书，不断地接触各种各样的知识。7岁时就开始读“话说天下大势，分久必合，合久必分……”的《三国演义》，12岁开始初涉《红楼梦》，她的一生都在孜孜不倦地进行阅读，阅读了大量的中外文艺作品，这为她后来成为当代文坛巨匠奠定了基础。冰心有一句响亮的话：“我永远感到读书是我生命中最大的快乐！”她从读书里学到了做人处世的道理。

1986年，她从日本访问回国后因为腿受伤了，就闭门不出，把“读万卷书”作为自己唯一的消遣，她几乎每天都会阅读很多的书刊，书读多了，她就会比较，有选择性地读书，这让她倾向于阅读那些蕴含真情实感、质朴的文章。在有一年的六一国际儿童节，一家儿童刊物要求冰心给儿童写几句指导读书的话，她只写了九个字“读书好，好读书，读好书”。

无疑，读书是拥抱知识的最佳途径。直到今天，冰心那“读书好，好读书，读好书”的名言，依然鞭策着许多寻找知识的人奋力前进。古人说得好：“腹有诗书气自华”。一个坐拥书城的女孩，即使是再普通的衣着，也难以掩盖那浑身流溢的书卷味，这是因为，知识代替了她们华丽的时装和昂贵的化妆品。

有听说过犹太人的故事吗？据说，犹太人父母会在他们女孩出生时就在书本上滴上蜂蜜，让女孩吃，希望以此告诉女孩：读书就跟吃蜂蜜一样甜。所以，犹太人很喜欢读书。对此，有人统计过，平均每个犹太人一年要看三百多本书，他们从书中学到了丰富的知识。因为拥有了知识，犹太民族被世界公认为“最有创造力的民族”。

## 小贴士

### 1.学习是为了完善自我

事实上，学习的最终目的不是为了金钱，也不是为了文凭，而是很大程度上是为了完善自我，丰富心灵，充实自己的生活，装点自己的人生。学习，并不是单纯的学习，你可以通过学习学到很多做人的道理，包括怎么说话、怎么与人交际、怎么取得成功、怎么解决问题。在学习的过程中，你的智力得到了挖掘，你的大脑得到了开发；在学习的过程中，你不断地变得聪明，变得智力超群；在学习的过程中，你还能感受到学习带来的愉悦享受，精神上莫大的满足。

所以，女孩，当你进入青春期这一黄金学习时期，关键就是要认清学习的目的，这样才有利于你端正自己的学习态度。

### 2.学习可以使自己获得荣誉感

周总理在小时候就大声说出了自己为何学习，那就是“为

中华之崛起而读书”。现在我们生活在和平时代，也许这样的使命感、责任感没有那么强烈。但是，当你亲自观看了奥运健儿在奥运会上获得金牌就会明白，这样的使命感、责任感、民族荣誉感一直都在，当运动健儿经过了艰辛的训练获得了成功，当五星红旗在奥运会赛场冉冉升起，这一刻，每一个中国人都会感到由衷的骄傲、自豪。

那么，当女孩在学习上取得了荣誉，为班级、为学校，甚至为国家争得荣誉的时候，相信你的感觉是一样的，这就是为什么周总理的那句“为中华之崛起而读书”一直激励着你们。

### 3.不要以功利性为目的去学习

如果女孩以功利性为目的学习，那只能培养出自己浮躁的拜金主义，是学不到真本领的。而且这样的学习也是不稳定的，当你发现这方面的学习不能为你谋取经济利益时，就会转向其他方面。甚至在某些时候，只要能挣到钱，不管这样的学习适不适合自己，都硬着头皮学习，结果，只会使自己事倍功半。

## 勤能补拙，努力就能获得优异成绩

爱默生曾说：“坚信自己的思想，相信自己心里认准的东西也一定适合于他人，这就是天才。”每个人都是一座独一无二的宝藏。在现实生活中也是这样，在任何时候，女孩都不要轻易否定自己学习的能力。假如只是一次测验考砸了，不要灰心，总结好经验与教训，下次定能考出好成绩。假如你仅仅以一次的分数就判定自己不是读书的料，那无疑是给未来的自己发出了一张死刑判决书。所以，相信自己，只要我们勤学，就一定能补拙，就一定能获得优异的成绩。

罗斯福小时候是一个非常脆弱和胆小的学生，在学校课堂里总显露出一副惊恐的表情。有一次，老师让他在课堂上背诵一篇课文，他从座位上站起来，呼吸就好像喘气一样，双腿发抖，嘴唇也颤动不已，背诵起来含含糊糊，吞吞吐吐，最后只好在同学们的哄笑中沮丧地坐下。因为牙齿的暴露，罗斯福没有一张英俊的面孔，同学们也因此嘲笑他，说他的牙齿都可以用来挖地瓜了。

小罗斯福变得很敏感，他一般不会参加同学间的任何活动，不喜欢交朋友，成为一个只知自怜的人。但是，罗斯福虽然有这方面的缺陷，不过却从来不轻易否定自己不是读书的料。事实上，缺陷促使他更加努力奋斗，他没有因为别人对他的嘲笑而失去勇气，他喘气的习惯变成了一种坚定的嘶声，他咬紧牙关使嘴唇不颤动，从而克服了恐惧心理。

后来，通过演讲，罗斯福学会了如何利用一种假声，掩饰他那无人不知的龅牙。他裹着毯子、坐着轮椅进行“炉边谈话”的样子，令大家再也想不起来他以前那打桩工人般的姿态。尽管他的演讲并没有什么惊人之处，不过他不因自己的声音和姿态而遭遇失败。他没有洪亮的声音或是威严的姿态，他也不像有些人那样具有惊人的辞令，但是在当时他却是人们眼中最出色、最有力量的演说家之一。

罗斯福在面对自己缺陷的时候，并没有退缩和消沉，也没有轻易地否定自己，而是更加坚强地学习。在意识到自我缺陷的同时，在困境中抗争，不因缺憾而气馁，甚至将它加以利用，变为资本，变为扶梯，最后登上名誉的巅峰。而对于女孩来说，不管自己天资愚笨还是聪慧，都不要因一时的学习失意而否定自己，努力向前，我们绝对是最闪亮的那颗星星。

小贴士

1.避免消极心理暗示

许多女孩在偏科时，总忍不住说“啊，英语确实太难了”“为什么英语总是与我作对呢”，如此，就会给自己偏科的心理暗示。尽管这只是一种抱怨，但说的时间久了，女孩会发现学英语真的很困难。而且，当女孩在抱怨英语难学的同时，她就对英语产生了拒绝的意愿，即看到英语就头疼。

2.培养对弱势学科的兴趣

“兴趣是最好的老师”，有的女孩偏科就是对该学科缺乏兴趣。对此，女孩应想办法培养自己对弱势学科的兴趣，多看看这个科目在现实生活中应用的事例，让自己从心理上自觉消除厌恶感和抵触感。

### 3.向老师求助

另外，女孩可以找偏弱学科的老师细心谈一次，从中得到老师的鼓励。或许老师会说“其实你学英语挺有天赋的，因为你的记忆力很好”，在老师和父母的细心照顾下，一定会收到“春雨润物细无声”的效果。

## 女孩说“我一定要考第一”

但丁：“能够使我飘浮于人生的泥沼中而不致陷污的，是我的信心。”有的女孩天资聪明，在学习的过程中接受新知识会快一些；而有的女孩天资愚钝，学东西总是慢半拍。但是，即便是天资聪慧也有成绩差的同学，因为他们不够认真；即便是天资愚钝，也不乏成绩优秀的同学，那是他们笨鸟先飞的成果。所以，女孩，请对自己说：“我一定要考第一！”

安东尼·拉马纳出生于意大利西西里岛的一个小村庄里，家里有十个兄弟姐妹，因此他不到12岁就到采石场干活了。不过，安东尼却不甘心自己的命运就是这样，于是他常常会利用一些休息的时间阅读有关西西里岛的历史和地理，并听老人们讲述岛屿的变迁。从书中，他看到了外面的世界与岛屿的差距，因此他在16岁那年，沿着山谷顺流而下，一直来到海边，随后跟着一艘货船来到了美国。

在22岁那年，安东尼凭借着不懈的努力，获得了梦寐以求的证书——一张石匠工会卡，不久他便被选去在林肯的纪念碑上，雕刻林肯在葛底斯堡的演讲词。在雕刻林肯的演讲词时，安东尼深深地被林肯的人生经历所打动。他想：林肯这位生活艰辛，而最后靠着学习改变命运的人，早年生活几乎跟自己一样，不过后来他却当上了律师，最后竟当上了总统，那么自己是不是也会有功成名就的一天呢？他突然之间做了一个决定，要成为一名律师。对此，朋友都笑话他："你是林肯第二吧？安东尼，你看雕像看呆了。"

安东尼过去只在西西里岛的一所乡村小学读到五年级，想在华盛顿大学国家法律中心学习，这简直是痴人说梦。何况他还要在脚手架上连续工作10小时，但是他却没有退缩，一下班就去夜校补习英文，他的帆布兜里时刻都有锤子、午饭和课本，他常常匆匆忙忙地吃过午饭便抓紧时间读书，甚至有时候一手拿着书，一手拿着两片玉米饼，中间夹着一块咸猪肉坐在木头上边吃边学习。

终于，功夫不负有心人。安东尼考入了法律学校，但是，因为第二次世界大战爆发，他只得离开美国去同法西斯作战。回国后，他在很短的时间里连续获得了法学学士和法学硕士的学位，后来，他一直在纽约和华盛顿担任律师，工作十分出色。

有人曾问安东尼："读书、学习时，难道你不感觉到累吗？"他回答说："那不可能，因为每个人都必须自己去发现动力，并自己为动力确定具体的涵义。”不感觉到累，是因为相信自己一定能行。即便自己被朋友嘲笑，他也从来没动摇过学习的决心。正因为对自己有绝对的信心，安东尼才得以成功。

## 小贴士

### 1.培养自己的自控力

学习的心态问题，就是你要懂得控制自己，自控能力的强与弱都可以直接影响到你的成败。当然，这样的学习心态需要你自己去控制，需要锻炼你的耐力和韧力。也许，处于你们这样的年纪，喜欢玩耍，这是正常的，也是女孩的天性，比起枯燥的学习，玩乐具有致命的诱惑力。每个人都是有惰性的，没有人喜欢枯燥的学习，你只要能够控制好这个度，就会事半功倍了。

### 2.端正心态

女孩需要明白，无论是做人，还是学习，都要保持一个端正的心态，这是最关键的。只有你端正了心态，心无杂念，才能在学习的困难和挫折之中安然度过，不会因为学习的暂时失利而悲伤，而这样的心态也会更加有利于你的学习，也更容易得到父母和老师的认可。只要你能踏实认真的学习，到了一定的程度，那么成功其实只是水到渠成的事情。你的一切付出早晚会得到别人的认可，而被别人承认的人，也自然证明了自身的能力与实力。

### 3.脚踏实地

学习跟做人一样，需要脚踏实地，端正心态，积极进取，这样才能领悟到学习的快乐。人生最高的境界就是水的境地，在任何时候都不受阻碍，流向大海，所以，多向流水学习，对学习中出现的困难和挫折，调整好心态，积极面对。女孩，从现在开始，端正自己的学习态度，让自己拥有一个丰富、精彩而又充满收获的中学生活。

## 让孩子爱上读书，其实不难

伏尔泰说："读书使人心明眼亮。"阅读，不仅能扩展我们现在的空间，还能给我们指明未来的方向。读书可以拓宽视野，丰富知识，增长才干，还可以净化心灵，陶冶情操，充实自己的精神世界。一个不读书的人，目光是短浅的，精神世界是空虚的，甚至心灵也会扭曲变形，以至于善恶不分，就好像一个不完整的人浑浑噩噩过日子，自己却觉得潇潇洒洒，实际上是虚度了年华，荒废了自我。

有人说："杰奎琳的第一个魅力是深不可测的智慧美。"熟悉杰奎琳的人，都会说到她对于书的感情。杰奎琳是一个典型的书迷，她对书的痴迷程度，是常人难以理解的。就连她的丈夫肯尼迪也会惊叹："无法理解她为什么那么喜欢看书。"

她博览群书，不管什么书都看得很认真，尤其喜欢诗集、历史书籍或关于艺术的书籍。随着地位的升高和年龄的增长，杰奎琳看书更加刻苦，并通过读书不断提高自己，如此学习的经历使得她在离开白宫后仍然被人们所记住。在离开白宫后，她反而变得更有名，成为了一个更具影响力的女人。

杰奎琳的公寓和别墅里堆满了各种书籍，桌子上和桌子下、沙发和椅子，到处都堆满了书，整个别墅就相当于图书馆。她经常指导朋友希拉里"做一个读很多很多书的女人"，在杰奎琳看来，要想成为一个传奇女人，其中的奥秘就是书和学习。

莱因霍尔德曾这样说："杰奎琳在社会学和神学上表现出的智慧感动了我，我被杰奎琳感动以后，便下决心支持她的丈夫。"戴高乐在见识杰奎琳的智慧之后，这样说道："杰奎琳女士对法国历史的了解程度远远超过了法国本土的妇女们，她并不介入政治，但又给自己的丈夫赋予艺术和文学支持者的名声，自从认识杰奎琳以后，我对美国更加信任了。”

杰奎琳非凡的智慧当然应该归功于自己的终身学习，即使在自己地位和名声升高的时候，她也不放弃读书。而且，变得更加刻苦地学习，并通过学习来提升自己的文化修养，只能说，她不愧于第一总统夫人。

著名哲学家培根说：“读书足以怡情，足以博彩，足以长才。”这句话深刻形象呈现了书对人的影响力和对人的心灵的塑造。阅读作为语文能力的基石越来越多地受到各界人士的青睐和重视。在阅读中要想取得高分，最重要最有效的方法就是阅读。长时间阅读量的积累，语感和感悟能力的培养，在完成阅读题时是必要的前提和基础，可以减少失分。

## 小贴士

### 1.从读书中感受乐趣

让读书成为一种习惯，有的女孩可能会说：“我从早到晚不都是在读书吗？”如果我说：“你现在所读的书，如果不考试，你还会读吗？”你会怎么回答我呢？如果答案是否定的，那么说明你还没有养成读书的习惯。有的老师可能会说：“我已经读了太多的书，我的知识储备已经足够把我的工作做好了。”如果我说：“面对日新月异的时代，面对不断变化的一届又一届新的学生，你有没有过捉襟见肘的困窘？”如果答案是肯定的，那么说明你还没有从读书的习惯中得到生存甚至生活的乐趣。

### 2.每天坚持读书30分钟

女孩要想丰富自己的知识底蕴，那就要培养每天读书和看书的良好习惯。根据自己的年龄特点和学业任务的轻重，确定每天读书和看书的具体时间。通常情况下，早上起床洗漱后比较适合诵读，诵读时间在30分钟以内，上午、下午或晚间坚持看书，时间也是以30分钟为宜，晚间也不可以超过60分钟。

### 3.坚持到底

假如时间紧张，确实没有多余的时间用来读书和看书，也要发扬坚持到底的精神。确定每天坚持读书或看书的时间，即便是10分钟也要坚持，规定每天必须读书或看书多少页，即便每天只坚持读书或看书10页。女孩一定要监督自己坚持下去，直到自己觉得每天不读书、不看书感到不习惯为止，这就培养了自己认真读书和看书的习惯了。

## 让孩子多读书，会读书

西塞罗曾说：“没有书籍的屋子，就像没有灵魂的躯体。”大学问家朱熹，曾经提到读书有六法，其中第四法是要切己体察，身体力行，意思就是在告诫女孩，不能死读书，读死书，而要把读书学习与实践应用结合起来。

所谓“读万卷书，行万里路”，女孩不仅要多读书，更需要将所读的书运用到现实生活中去，这样才能真正地将所学的知识应用结合到实践。

三毛说：“如果人生硬要给它分割，那么谁的半生，也是一座七宝楼台，拆来拆去便成了碎片，所见的无非只是一些难以拼凑的颜色和斑纹而已。不拆的话，的确是一座宝塔，我的自然也是，只是那座塔上去不容易，忘了在里面做楼梯，倒是不自觉地建了许多栏杆。二十岁，刚刚由一重重的浓雾中升上来，眼前一片大好江山，却不敢快步奔去，只怕那是海市蜃楼。”

在三毛看来，在二十岁的年纪，不是自大便是自卑，面对展现在这一个阶段的人与事，新鲜中透着摸不着边际的迷茫和胆怯。而三毛太看重自己的那份“是否被认同”才产生的心态，后来她回忆起来，也觉得可怜亦又可悯。

三毛的大学时代，不过是狂热读书。那个年纪，三毛对于智慧的追求如饥如渴，亦是期待付出和追寻。那时候，同学之间，是虚荣的，深觉本身知识的浅薄与欠缺，这使三毛感到自卑，最后同学之间彼此比来比去，比的不是容貌和衣着，而是谈吐和思想。要是有个同学看了一本三毛尚没有发现的好书并在班上说出来，当时个性比较好强的她便会急着去寻找，细心地阅读体会，下星期夜谈时立即给他好看。

三毛当时觉得这真是虚荣，而也因为这份激励和你死我活的争美，读书成了三毛一生的习惯，但却不再为着虚荣的理由了。本班同学中，在书本上与三毛争得最激烈的，便是而今写出《上升的海洋》与《长夜思亲》的作者许家石。直到后来，三毛依然非常感谢许家石对自己的一番“恩仇”。

回忆自己大学的读书，三毛说：“书本中不得不着的‘直接真理’，使我日后的人生受益极多。”

拿破仑曾说：“真正的征服，唯一不使人遗憾的征服，那就是对无知的征服。”拿破仑在征服了无知，获得知识之后振兴了法兰西，他用亲身的事迹诠释了那句话。而读万卷书可以让女孩学到许多知识，在未来的人生道路上，这些知识会帮助女孩走过一道一道的沟坎，可以说是一辈子受益。

## 小贴士

### 1.适当摘取原文

在回答问题的时候，假如离开了原文那可能谁也答不正确，或者说回答不完全。所以，准确解答阅读题最重要最有效的方法就是在原文中找答案，其实大多数题目在文章里都能够找出答案。当然，找出的语句并不一定可以直接拿来用，还要按照题目的要求进行加工，或摘取词语或压缩主干或抽取重点或重新组织，即便是归纳概括整篇文章的大意也必须充分利用原文。

### 2.巧取信息

阅读的过程，其实就是女孩在获取信息的过程，阅读质

量的高低取决于获取信息的多少。在做阅读题时，女孩可以先看看文章的作者、写作时间和文后注释等内容，同时尤其要看一下后面问了哪些问题，从题目中揣摩出文章大概的主旨是什么。假如是小说，则主要从人物、情节等方面入手；假如是议论文，则主要是论点、论据、论证等。

### 3.边读边勾画

女孩在做阅读题时需要采用精读的方法，需要逐句地揣摩，所以平时在阅读时要养成圈点勾画、多做记号的习惯，你可以先看看题目涉及了那些段落或区域，和哪些语句有关系。当你确定某一个答题区域之后，再认真地弄懂这一段每一句的大意，从而理清段落之间的关系，了解行文思路。假如我们在阅读时反复琢磨，勾画与之相关的内容，那答题时就不用从头至尾去寻找，这样可以节约不少时间。

### 4.巧解题

在汉语中一词多义的现象是很常见的，我们在理解词语中某个字的意思的时候，一定要把它放在这个词语中去理解，也就是字不离词，这样才能准确地理解这个字的意思。对句子的分析理解不能离开具体的语段，不能离开具体的语言环境。假如离开了具体的语段，离开具体的语言环境，那很多句子都将难以理解。

## 多交益友，让孩子变得更优秀

《晏子春秋》里曾说："橘生淮南则为橘，生于淮北则为枳。叶徒相似，其实味不同，所以然者何？水土异也。"

其实，人也一样，容易受到周边环境的影响。女孩与什么人相处，就会沾染上什么样的习惯、品性，而这些行为特点将会影响她们的一生。因此，为了有效地认知自己，女孩应该给自己创造一个良好的环境，努力从周围的环境汲取营养，以此提升自我。

希拉里早年在卫尔斯利女大读书，在那里聚集着全美成绩优秀的学生，但是，她们并不是全美学习最好的学生，学习最好的学生去了哈佛大学。刚刚进入卫尔斯利大学的希拉里感到了挫败感，一直到高中毕业自己都是周围人眼中的好学生，在学校备受瞩目，但现在却“沦落”为无人理睬的普通学生。不过，希拉里并没有被挫折感击倒，她想用哈佛学子的学习方法来武装自己，使自己成为卫尔斯利的第一名。

但是，哈佛学生一直以排外出名，其秘密学习俱乐部从来不接受外校的学生。于是，为了进入哈佛大学的秘密学习俱乐部，希拉里决定成为这个俱乐部成员的女朋友。过了一段时间，希拉里就成为了哈佛大学三年级学生杰夫·希尔兹的女朋友，接着她又结识了男友的朋友，没过多久，她就成为了男友所在的“哈佛书呆子俱乐部”的非正式成员。在与哈佛学生的相处过程中，希拉里学会了新的学习方法和辩论方法，正是这一段不寻常的学习经历造就了希拉里最后的成功。

希拉里善于为自己创造一个良好的环境，那就是认识比自己更优秀的人，在泡菜效应的影响下，她获得了成功。当大多数女生都与自己水平相近的朋友们在一起对明星、男生、美食或者时尚津津乐道、消磨时光的时候，希拉里却在和哈佛高材生们关于政治、理念、时事等各类深刻的问题展开激烈的讨论和辩论。因为所处的环境不一样，于是，她们所受到的影响就不一样，希拉里的特殊能力正是利用这个环境而逐渐积累起来的。

古人曰：“近朱者赤，近墨者黑。”当我们接近品性好的人时，可以使我们学好，心中不自觉地萌发出见贤思齐的想法；当我们接近品性坏的人，就很容易变坏。我们生活的环境就像是一个大染缸，很容易将形形色色的人同化在其中。

当我们处于修心重德的环境中，我们就会受到身边人的言行教化，自觉地约束自己，使自己的身心都得到不断的长进；相反，假如我们处在道德颓废的环境中，我们就会受到身边消极观念的影响，随波逐流。

小贴士

1.多与同龄人交朋友

现代社会，大多数家庭都是独生子女，虽然，许多女孩能受到父母良好的教养。但是，如果她们缺乏与同龄女孩的交往，其身心将不能健康成长。女孩在与同龄人的交往中，会学会遵守共同的规则，学会交往，学会尊重别人的权利。而且，从其中还可以学到如何与人合作，如何交朋友。

2.不要误导女孩“不要和陌生人说话”

对于青春期女孩来说，应该学会交际，特别是与陌生人的交际，这是一项生存的法则。因为当她们成年之后，不可避免地会接触到越来越多的陌生人，而在纷繁复杂的社会交际中，轻松与陌生人交流，将成为一种本领。许多父母教导女儿“不要和陌生人说话”，其实，有时候会误导女孩。只是，在这里需要提醒女孩“在与社会青年接触的时候，要提高警惕，对于那些有着不良嗜好、品性败坏的人，最好远而避之”。

3.正确对待与异性交往

由于青春期是求学的黄金时期，某些父母总是担心女儿幼稚、冲动，影响学业，对她结交异性朋友，常常持反对意见，戴着“有色眼镜”，任凭主观臆测，给予女孩压力，用“早恋”来界定女孩们的这种情感需求，限制女孩与异性交往。其实青春期女孩出现对异性的朦胧好感是很正常的，通过与异性的交往认识异性，这也是成长的必经过程。对此，面对父母的猜测，女孩需要坦白：我与他只是普通朋友。并且，与异性朋友保持在普通朋友的范围之内。

### 4.了解女孩的交往需求

在青春期，女孩时而浮想联翩，时而忧心忡忡，这些感情不适合与父母分享，于是女孩选择了身边最好、最安全的朋友。对于女孩的择友只需要坚守简单的底线要求就可以了，比如“带你做坏事的人不能做朋友”“很自私的人不能做朋友”“自以为是的人不能做朋友”等等。

第 7 章

# 青春期女孩的观念：正确引导，让她以梦为马守初心

处于青春期的少男少女，谁的青春不张扬呢。在这个最美好的年纪，他们希望打扮得时尚漂亮，希望可以吸引所有人的眼光，希望自己可以肆意地释放整个青春的活力。在这一阶段，女孩们的人生观、价值观需要父母有效的引导。

## 引导女孩理性看待时尚文化

人喜欢得到别人赞扬以及不甘心落于人后的愿望，是根深蒂固的，尤其是处于青春期的女孩。她们把时间用在打扮装饰上，其实是有特殊的心理功效的，有可能是吸引异性的注意，同时，引起同性女孩的羡慕。每当出现这种情况的时候，她们就会感受到一种心理上的满足。

追逐时尚与美丽已经成为当今社会的一种潮流，时尚文化以自身独特的方式深刻影响着青少年价值观的形成与发展。青春期的女孩思维活跃，具有较强的接受力和表现欲，她们往往追求眼下最时髦、流行的生活以及消费方式，部分人甚至把幸福生活更多地理解为时尚生活。作为父母，应该引导女孩理性地看待时尚文化，引导少男少女形成正确的时尚观，树立正确的价值观。

一位母亲说：

我女儿正在上初二，个子不怎么高，她平时兴趣爱好很多，比如唱歌、玩滑板、跳街舞，等等。最近，我发现女儿越来越讲究穿着。她总是喜欢穿新衣服、新鞋子，那些以前的旧的则很少问津。她每天早上起来很早，但并不是用来学习，而是反复换衣服，照镜子，直到看到自己满意的一身打扮才出门。有时候，上午穿了一套，下午还会再换一套。

前不久，她爸爸去外地出差，给她带回来一套三百多的衣服，看上去挺时尚的。当时，女儿的眼睛都亮了，抑制不住兴奋地说：“明天我就穿着去上学。”我提醒说：“可你身上这身是今天才换的，怎么换衣服这么勤？”女儿却对我说：“妈妈，这是时尚与美丽，你不懂的啦！”其实，女儿穿一件衣服，我并不太在意。我比较关注的是她对穿着过于注重的行为以及背后的心理。她太热衷于打扮，过分注重穿着，在同学们中太惹人注意，太花哨，这会分散她学习的精力。

通过这位母亲所讲述的事例，不难看出，青春期的女孩伴随着自我意识的增强，比较“爱美”，喜欢打扮自己了。在这个年纪，她们已经懂得了什么是时尚与美丽。在青春期以前，大多数女孩的穿着打扮都是父母包办，往往是父母买什么衣服，她就穿什么衣服。但是，一旦女孩进入青春期，她们在关心自己内心世界的同时，也会把大量的精力与时间用在打扮自己上面，比如穿衣、发型等装饰上，热衷于追逐时尚与美丽。

雨果说：“理想无非就是逻辑的最高峰，同样，美就是真的顶端。艺术的民族同时也是彻底的民族，爱美就是要求光明。”心理学家表示，那些懂得自我欣赏、追逐美丽的女孩，她们往往更自信、乐观，更容易获得幸福与成功。

女孩爱美是天性，这并不是什么错误，当然，面对时尚潮流，则需要父母积极引导，帮助女孩树立正确的价值观。

小贴士

1.教会女孩认识美的本质

本来，青春期的女孩爱美、爱打扮是很自然的事情，这是无可厚非的。但是，由于女孩们对美的本质认识还很肤浅，她们在追求美的时候往往会出现一些偏执倾向，比如盲目节食减肥保持苗条的身材，穿着打扮过分追求成人美。于是，她们追随时尚、刻意修饰、矫揉造作，从而失去了纯真、健美和青春气息。对此，父母不妨告诉女孩："美的本质就是真实，即使你不打扮，你一样美丽，因为你纯真。相反，你若是过分打

扮，反而失去了少年的纯真，这样反倒是不美的。”

### 2.让女孩选择适合自己的时尚与潮流

青春期的女孩经常是跟着时尚走，社会流行什么，她们就追逐什么。对女孩盲目追逐时尚潮流的现象，父母应该有一定的警惕心理。你可以告诉女孩“时尚其实就像浪潮，或许，你认为现在流行的是美的，但是，过不了多久，它就被淹没在大海里，因为新的浪潮又打过来了，而你追逐时尚的过程，其实就是一个永远没有办法停下来的过程。而且，女孩，真正的时尚来自内心，而不是外在表现，就算你打扮再时尚，但你其实就是一个中学生。”如此，引导女孩在面对时尚潮流的时候，选择合适自己的，而不是盲目追逐。

## 喜欢摇滚乐的青春期女孩

摇滚是一种精神，它倡导自由，倡导大家敢于挑战传统观念。它鼓励人们发泄出自己对社会的不满，揭露社会的阴暗面，反映出人类内心真正的痛苦、欲求。在现实生活中，许多父母认为摇滚是猛烈的失真、不羁的眼神、漠视一切的态度。也正因为如此，许多父母极力反对自己的女孩听摇滚，担心女孩会被这种摇滚的豪放、狂热、不羁所影响。

当然，父母的这种看法是片面的，摇滚乐有不同的风格，每种风格都有其特殊的感情表达方式。这需要父母仔细分辨女孩所喜欢的摇滚风格，才能判断摇滚乐是否对女孩有不利的影响。

喜欢摇滚乐的青少年，大多存在这样的心理：他们叛逆，反对世俗，和大家的观点想法不一样；心理敏感，很感性；内心深处在某方面很自卑，但在某些方面很自大，看不起很多东西；悲观，尤其是在孤独时更加失落；心胸狭隘，他们在表达感情或情绪时很直接，不太顾及他人的感受；喜欢幻想，希望通过幻想来改变这个世界。

本来，女孩喜欢听歌是一种情趣，但是，一位父亲却开始为此担心了起来。他对我们说："我女儿正上高二，平时最大的爱好就是喜欢听歌，以前我也没怎么关注她的这些爱好。因为我对音乐也不怎么熟悉，也就喜欢听一点80年代的老歌。可前不久，我发现女孩经常会躲在房间里听一些极具震撼力的歌曲，而且，经常把声音开得很大，震得房间都一颤一颤的。我好奇地问女孩'你听的都是什么歌曲啊？'女儿很得意地回答说'摇滚，老爸，你没听过吧，快过来听听'。可能是年纪大了，听着那声音我的耳膜就受不了，女儿称这是重金属音乐，我也搞不懂其中的差别。"

停了一会，那位父亲继续说："其实，当时我也没怎么在意，可能觉得这个年纪估计都在听这类的歌曲。可我问女儿，她却说班里仅有一两个同学喜欢听这样的歌曲。我表示很不理解，她却告诉我，音乐是很私人化的东西，能够真正喜欢音乐不容易，音乐不像电影，人人都可以看得懂。虽然，女儿喜欢听摇滚乐，这可能不是什么大事，关键是我对摇滚乐又不熟悉，就是担心女儿会听了不好的音乐而影响她的心理，现在，我也不知道该怎么办了。”

对于大多数父母来说，摇滚只是一种模模糊糊的印象，可能他们一辈子也不会关注到“摇滚”这个词。不过，走在大街上，经常会听到一些青少年在谈论摇滚乐，这不难看出，摇滚乐深受许多青春期女孩的喜爱。摇滚乐给人们带来的不仅仅是听觉上的冲击，更多的是对思想的影响。摇滚乐有积极向上的，也有消极低调的，有大胆抨击的，但也有掺杂着颓废的因素的。如此复杂多变的摇滚乐是否适合青少年？不难看出，案例中父亲的担心是很有必要的。

那些喜欢摇滚的女孩大多数会把摇滚当作一个出口——发泄心灵深处激情的出口。通过摇滚，她们追求自由，发泄心中的不满。青春期是一个充满挫折的阶段，女孩在追求独立生活的过程中，往往会遇到一些困难与烦恼。她们内心苦闷，又不愿意将心中的烦恼向父母倾诉。在这样的情况下，摇滚音乐往往能引起女孩们的心理共鸣。

### 小贴士

#### 1.建议女孩选择内容和情调健康的音乐

现代的流行乐坛也充斥着一些粗制滥造、庸俗低下、过分凄婉悲惨的音乐，这会使女孩陷入低迷的情绪，有的女孩还会受到歌词的影响，产生颓废的心理。当然，好的歌曲往往催人奋发向上，热情澎湃。女孩在选择听什么音乐的时候，父母可以建议她们选择内容和情调健康的音乐，不要去听那些颓废无聊、格调低俗的音乐。

### 2.引导女孩别盲目追求所谓的时尚

美国科学家曾做过一些实验：在摇滚乐的作用下，植物会枯萎下去，动物会渐渐丧失食欲。而摇滚乐对人的危害也是相当大的，不仅能导致人的听力下降，精神萎靡，还会诱发一些身体疾病。听摇滚乐对青少年来说是一种时尚，不过，父母应建议女孩选择合适自己的摇滚乐，而不是盲目地追求所谓的时尚。你可以告诉女孩“好的音乐才会使你身心得到健康的发展，反之，只会影响你的身心健康”。

## 教孩子正确定义“偶像”

现代社会，在经济飞速发展的同时，人们的价值观念也日趋多元化。不少媒体为了吸引眼球，为了聚集人气就大搞造星、选秀活动，在电视上，天天都是俊男靓女，大款、大腕星光闪耀，明星的举手投足都是新闻，他们的生活细节被无限放大，所谓的“绯闻”占据了整个版面。

这些让许多青春期的女孩完全迷失了自我，在她们看来，明星的生活才是最成功的生活，明星的行为才是正确的行为，把明星当作偶像，把明星当作完人，至于什么雷锋、张思德、黄继光等真正的伟人通通都被她们抛到脑后。

一直以来，在中华民族的传统中，把那些威武不屈、富贵不淫、忠贞不二的人当作崇拜的偶像，把那些为国立功、为民请命、为社会做贡献的人当作偶像。古有屈原，今有雷锋；古有民族英雄岳飞，今有用身体堵枪眼的黄继光；古有刚直不阿、执法如山的包拯，今有一生都在平凡岗位上默默为人民服务的张思德。

这是一位老师的自述：

我是一位老师，也是一位家长，因为我的儿子是我的学生。在昨天的班会课上，我对全班进行了一次匿名式的问卷调查，在这个问卷调查里有这样一项传统的题目："请你写出最崇拜的对象姓名，限定一名。"问卷调查结束以后，我当即就那个传统的题目展开讨论：我将同学们写出的名字写在黑板上。一时之间，只见黑板上出现了"刘德华""张学友""张国荣""张柏芝""谢霆锋""周恩来"，等等。全班45名同学，竟然罗列出来了35位崇拜人物的姓名。

我不知道这是怎么回事。我想不明白的是全班学生没有一个人写华罗庚、陈景润，甚至连居里夫人都落了榜，就连过去得票率一直非常高的周恩来都只有寥寥的五个崇拜者。晚上回到家，我问儿子"你写的偶像是谁？"儿子很自豪地说"80年代的四大天王之一，刘德华，虽然他老了一点，但我就是喜欢听他的歌"。听了儿子的回答，我感到很忧心，现在的孩子已经把明星当作自己的偶像了。

青春期的女孩正处于生理的发育期，性格还没有定型，心理还没有成熟。她们判断好坏的意识还比较模糊，分辨是非的能力还不够强。因此，女孩在价值观的形成上很容易受到外界的诱惑，在树立人生观上很容易受到社会的左右。

女孩在这个年龄体现出来的特点是"模仿多于自觉，从众多于主见"。尤其是那些明星偶像，对青少年的影响力更是巨大：从他们的日常言行，到他们的价值观念；从他们的穿着打扮，到他们对观众的态度，都是女孩们模仿和追随的范本。

## 小贴士

面对女孩疯狂的追星行为，作为父母，该如何引导呢？

### 1.让女孩了解真正的偶像

许多女孩喜欢明星的理由竟然是“长得漂亮”“帅气”“歌唱得好”“打扮够时尚”，在这样一些肤浅的理由下，她们就轻易地将明星当成了偶像来崇拜。对此，父母需要告诉女孩：“偶像值得崇拜的原因在于他为社会、为人类、为世界做出了杰出的贡献，在他身上有值得我们欣赏的高贵品质。或许，他们身上并没有什么耀眼的光环，他们就跟你们一样，只是一个普通人，但是，他们的一生不平凡……”

### 2.引导女孩以理智的态度面对明星

在女孩追星的时候，父母可以引导女孩主动说出自己喜欢的明星身上的不足，比如，有的明星醉酒驾车、有的明星吸毒、有的明星对着记者说脏话，等等。帮助女孩学会分析，引导女孩以理智的态度来面对明星。让女孩明白，明星也是人，也有缺点。并非他说的每一句话都是真理，每一种行为都是榜样。

### 3.让女孩学习偶像的可取之处

榜样的力量是无穷的，每个女孩都需要有学习的对象。父母需要做的不是让女孩不再追星，而是让女孩树立正确的偶像。父母可以引导女孩亲近历史，了解一些中外名人、伟人，让女孩熟悉更多的科学之星、艺术之星，通过潜移默化，让女孩将他们当作真正的偶像。

## 喜欢奇装异服的青春期女孩

青春期的女孩追求叛逆、自由的生活，叛逆是青春期心理的一大特征，这一特征让许多女孩喜欢穿奇怪的衣服，企图让人看到她们的与众不同。而且，许多青春期的女孩有意穿着奇装异服，潜意识是想弥补心中的不安。

心理学专家认为："如果一个人界限感薄弱的话，除了难以感到与他人的不同之处，还很难把握和他人之间该保持多远的距离。"许多女孩对自己与别人的交往感到不安，对自己的生活也感到不确定，她们为了保持心理的安全感，就很喜欢穿着夸张的衣服，人为地与外界社会划清界限，以此缓解内心的不安情绪。

李妈妈向心理医生说出了自己的忧虑：

我家女孩就读于一所重点中学，这半年时间来，本来性格温顺的她表现出一些怪异的行为。她喜欢穿奇装异服，还经常和一些乱七八糟的朋友玩到深夜才回家。我当时很无奈，只好将女孩送到一所行军学校去训练，想借此改掉女孩身上的坏习惯。

女孩从行军学校回来后，我和她的关系变得很僵，她故意不上学，故意和我作对。她觉得是我害了她，让她一个人在行军学校吃那么多苦，经常为这事跟我吵架。可最近一个月，她也不和我吵架了，反而窝在家里一声不吭。我看过一些心理书籍，发现女孩患上了严重的抑郁症。我真的很担心她，其实，在女孩三岁的时候，我因与丈夫性格不合，选择了离婚。离婚后，我一个人带着女孩生活，而我为了女孩，这么多年也一直没有再婚。

对李妈妈所讲述的事例，心理专家说："大多数幼小的女孩在离婚后都是跟母亲生活，而现在女性职业压力大，又带着女孩，生活就显得更加艰难。女孩缺少父爱，而母亲对女孩往往表现出过分严厉或过分溺爱。案例的女孩喜欢穿奇装异服、举止怪异，其实，就是因缺乏父爱而造成的叛逆心理。"

在大街上，可以到处看见一些穿着"奇装异服"的女孩，有些女孩还只是初中生，她们刚刚进入青春期。青春期的女孩已经开始发育，并开始注重自己的外貌和打扮，而她们最大的特点就是喜欢一些惹眼的装扮，让人一眼就能从人群中分辨出来。女孩如此"非主流"的装扮，让许多父母很是担忧，那到底是什么原因让女孩这样打扮自己呢？

女孩到了青春期，有了强烈的自我意识，她认为怎么样打扮自己都是自己的事情，她们不允许父母干涉，更讨厌父母对自己评头论足。其实，女孩的选择无可指责，或许，奇装异服能让女孩们找到“特立独行”“有个性”的感觉。女孩喜欢这样的服饰，其实显示出心里的一种渴求。作为父母，在引导女孩的时候，需要一定的策略，否则，只会起到相反的作用。

## 小贴士

### 1.了解女孩喜欢的东西

女孩总是喜欢穿奇装异服，许多父母疑惑：是女孩审美有问题还是自己落伍了？其实，父母应该了解女孩喜欢的东西，比如发型、头饰、服饰，弄清楚那些东西为什么吸引女孩。当你明白其中的原因之后，再跟女孩沟通自然就会有话题了。

### 2.合适的才是最好的

每个人都有自己独特的价值观，父母的生活背景、年龄与孩子都有一定的距离，价值观也会相关很多。而服装无所谓好坏，只是是否合时宜。父母应该在着装方面给孩子做好表率，让孩子了解什么样的才是合适的。

### 3.引导女孩正确认识自己

父母要多和孩子沟通，培养和提高孩子认识美的能力。让他们正确地辨别美和丑，让他们正确认识自己的装扮，懂得应该如何去看待自己的装扮，最后让他们自己主动改变。

## 理解女孩要“富养”的真正含义

“再穷不能穷女孩”，这是曾经被广泛地刷在墙上、写在黑板上、挂在嘴边的一句话，表达了调动一切社会力量办教育的决心。但是，现在，对这句话人们有了新的理解。许多父母总是竭尽所能满足女孩的种种消费需求，父母大力支持的行为助长了女孩们互相炫耀的攀比心理。其实，对于女孩们盲目地追逐虚荣的生活，作为父母，应该要反省自己的行为。

青春期的女孩正处于生长发育阶段，对事物尚缺乏正确的判断，而攀比心理会给女孩的身心健康带来消极的负面影响，甚至，使女孩的自信心也在攀比中慢慢消失。

几位中年妇女聚在一起聊天，不约而同地谈到了女孩追赶潮流的话题。一位母亲说：“女孩今年上初二了，天天吵着要手机，我看许多学生都有，就答应了她。你猜她怎么说？说一定要买最新款的，不能比别人的差。”另一位母亲附和道：“现在的女孩可爱攀比了，在吃、穿上处处和别人比较，她们一半的心思都花在攀比上，哪里有时间用功读书啊。”

一直沉默的王女士说：“哎，现在的女孩，早上我刚刚看了一个新闻，说一个17岁的安徽小姑娘在网上接触了一个卖肾的中介，当时她正想买一个iPad2，在中介的劝说下，她到湖南某医院进行了肾摘除手术。当我看到这个新闻，真是被吓倒了，现在的女孩一点也不让我们省心。”“说到底，这就是虚荣心在作怪，我家女孩也是，经常嘴里说的都是什么名牌衣服啊、名牌鞋子啊，别人要有的，她自己也要有，可我们有什么办法呢？女孩要，我们做父母的，还不是乖乖掏钱买。”一位母亲很无奈地回答说。

随着年龄的增长，心理上的成熟，许多青春期女孩意识到了“金钱”的重要性。除了平时学习之外，无时无刻，她们不是在感受“钱”带来的虚荣感。小小年纪的她们已经开始欣赏歌星、影星的风采，欣赏迪斯科的节奏，欣赏百万富翁的潇洒，欣赏同学过生日花钱多，欣赏同学的名牌服饰。如此种种的欣赏，其实就是以自身在与他人做攀比。

在比较中，女孩发现别人在某方面远远超过自己，就可能产生欣赏、羡慕的心理。当然，健康的欣赏可以激发积极向上的动力，而变调的欣赏则会演变成攀比，还有可能诱发不健康的行为。处于青春期的女孩，她们已经开始用眼睛观察身边的生活，一旦看到别人拥有的东西，她们往往不能冷静地分析“我是不是需要”，就急切地想拥有。

## 小贴士

对待女孩的攀比心理，父母应该积极引导，具体说来，应该从下面几个方面着手。

### 1.从自身做起，理性消费

俗话说：“大狗爬墙，小狗学样。”青春期的女孩有较强

的模仿力，在这样的情况下，父母的一举一动都会给女孩留下深刻的印象。因此，作为父母，应该做好榜样，从自身做起，理性消费，在女孩面前切忌与同事、朋友盲目攀比，以免影响到女孩的心理。

### 2.别对女孩娇生惯养

许多父母秉承着“再穷不能穷女孩”的观念，于是，女孩想要手机，买；女孩想要名牌包包，买；女孩想要电脑，买。如此对女孩有求必应，很容易养成女孩过度以自我为中心的心理。如果女孩想要什么就给什么，如此娇生惯养很容易造成女孩攀比的惯性，不利于女孩心理的健康发展。

### 3.引导女孩正确分析盲目消费的现象

有的女孩只要看见朋友有了新的东西，她就想买，从来没考虑过那些东西是否真的适合自己。在这样的情况下，当女孩再要求买东西的时候，父母应该让女孩思考："你是否真的需要这些东西？它对你有什么作用？"以此引导女孩正确分析盲目消费的现象，杜绝虚荣的攀比心理。

## 女孩追求品牌，是虚荣心在作怪

虚荣心强的女孩在成长过程中经常会出现这样一些问题：她们为了满足虚荣心理而经常说谎，情绪不稳定，不认真学习，缺乏意志力，等等。虚荣心对青春期的女孩来说是一种可怕的心理。心理学家认为："虚荣心是以不适当的虚假方式来满足自尊的一种心理状态。"因此，对待那些虚荣心较重的女孩，父母不能掉以轻心，应该采取必要的方法加以纠正。

有的女孩总是在同学们面前炫耀自己在物质生活上的富足，一味地赶时髦、讲究吃、讲究穿、讲究用，甚至，很多时候，还不顾家里的经济情况，盲目地与同学攀比，追求品牌。其实，女孩之所以有这样的行为，就是虚荣心在作怪。

张妈妈一直叹气："没想到这女孩被虚荣心害成这样。"接着，她讲了女孩的事情："我家女孩是一个活泼、多才多艺的女孩。她在读小学的时候，学习成绩优异，表现突出，是老师和同学公认的好学生。在短短六年的小学生活中，她连续被评为校级三好学生，三次被评为区级三好学生。在成绩、荣誉和掌声中成长起来的她，心理常常处于一种骄傲和满足的状态。

但升入高中之后，她面对着众多的竞争对手，失去了往日的那种优越感、满足感，不甘落后的她使出浑身解数但还是不能如愿。上次期中考试，心高气傲的她对全班同学说："这次考试我一定要考进全班前十名。"可是，当卷子发到她手上之后，她傻眼了，最后的成绩可想而知。考试后，老师让她统计全班同学的各科成绩，自作聪明的她偷偷改了分数，她一下子进入了全班前十名。但是，这件事很快被老师知道了，她被学校通报批评，还受到了处分。

从这件事以后，她情绪受到了很大的影响，整天忧心忡忡，愁眉不展，在家里也是心不在焉，经常一个人望着窗口发呆"。

虚荣心是指过分爱面子、贪图追求表面光彩的不良心理，是思想作风不扎实，心理素质不健康的直接表现。虚荣心是自尊心的过分表现，是为了取得荣誉和引起普遍注意而表现出来的一种不正常的社会情感，是一种复杂的心理现象。

生活中讲面子的心理多少会让人变得虚荣，这是可以理解的。每个人都喜欢面子，尤其是青少年，他们处于人生的成长阶段，心里很敏感，适度的虚荣不会对他们造成伤害，反而会促使他们上进。但是，有的女孩会羡慕别人的东西，比如名贵服饰，最后给自己增添一些不必要的麻烦。

## 小贴士

那么，父母应该怎么做才能让女孩丢掉虚荣心呢？

### 1.引导女孩树立正确的荣誉观

只有女孩树立了正确的荣誉观，有了荣誉感，才会激励自己不断进取，不断奋发向上。父母不妨这样告诉女孩：“同学们吃大餐、穿名牌、坐名车并不值得你羡慕、嫉妒，因为这不是一种荣誉，只有你的学习成绩优异才是一种荣誉。”

### 2.鼓励女孩自己动手

当女孩为了虚荣心而攀比的时候，你可以告诉女孩：“不是不可比，而是要通过自己的努力，去创造与别人相同的条件，从而巧妙地将攀比化成动力。”比如，女孩跟别的女孩比手机的档次，父母可以鼓励女孩自己打工攒零花钱购买手机。这样不仅解决了女孩盲目攀比的难题，还让女孩形成了节约意识，养成动手动脑、发明创造的习惯。

# 第8章

## 青春期女孩的能力：激发潜能，让她成为更好的自己

对于青春期的女孩，需要独立自主，因为度过青春期这个过渡阶段，女孩们就正式成为成年人。当女孩进入社会，独立自主是她们拥有一切优秀品质的基础。所以，在青春期这个阶段，培养女孩的自主意识非常有必要。

## 总说“我不行”的青春期女孩

心理学家认为，自卑经常以一种消极防御的形式表现出来，比如妒忌、猜疑、害羞、自欺欺人、焦虑等，自卑会让人变得非常敏感，经不起任何刺激。假如一个女孩被自卑心理所笼罩，其身心发展及交往能力将受到严重的束缚，才智也得不到正常的发挥。

女孩产生自卑心理，基于多方面的原因。比如父母能力较强，对她期望过高，往往会让女孩产生自卑。生活在这样的家庭里，女孩总认为“爸爸妈妈什么都行，我什么都比不上他们，怎么努力都没用”。有的则是家庭不完整，也容易让女孩产生自卑，生活在破裂家庭中的女孩，得不到父母足够的爱，觉得自己是被社会抛弃的女孩。有的父母采用粗暴、专横的教育方式，严重地伤害了女孩的自尊心，往往会让女孩产生自卑心理。有的父母自身有自卑情绪，平时总说“我不行”，潜移默化地影响女孩，使女孩产生自卑心理。

小乐是一位初一年级的女同学，她长了一对会说话的大眼睛，白白净净，头发有些自然卷曲，成绩还不错。不过就是性格内向，十分腼腆，在人前不苟言笑。上课时从来不举手发言，即便老师点名要她回答问题，她也总是低着头回答，声音很小，而且满脸通红。

下课除了上厕所之外，总是静静地坐在自己的座位上发呆。老师让她去和同学们玩，她只会不好意思地笑了下，依然坐着不动。平时在家里总把自己关在屋子里，不和朋友们去玩。周末的时候，父母想带她一起出去玩，或是去朋友家里做客，她也不去，甚至连自己的爷爷奶奶家也不愿意去。

小乐身上的现象，在许多青春期女孩身上都有可能有所体现，这些都是自卑的产物。自卑，就是一个人严重缺乏自信，常常认为自己在某些方面或各个方面都不如别人，经常以自己的缺点与他人的优点比较。自我评价过低，瞧不起自己，这是一种人格上的缺陷，一种失去平衡的行为状态。

## 小贴士

### 1.对女孩要求不必太高

父母要帮助女孩建立自信，克服自卑心理。所以父母对女孩的要求要适当，不能苛求女孩。父母对女孩的要求应与女孩实际的能力和水平相适应。若她取得了好成绩，那父母应及时表扬、鼓励，让女孩对自己充满信心。对于那些成绩稍差的女孩，父母应予以关心和安慰，帮助女孩分析原因，总结经验和教训，给女孩耐心的指导，一步步提高女孩的成绩。

### 2.给女孩提供发挥长处的机会

消除女孩的自卑心理，父母要善于发现她的优点和缺点，并为女孩提供发挥长处的机会和条件，让女孩学会理智地对待自己的短处，寻找合适的补偿目标，从中吸取前进的动力，将自卑转化为一种奋发图强的动力。

### 3.让女孩在完成目标中增强信心

许多女孩产生自卑心理，往往是由于对自己要求过高，将自己已经取得的成绩忽略了，她只是沉浸在大目标无法实现的焦虑中，心理上就经常笼罩在悲观、失望的阴影中。对此，父母可以帮助女孩制订一个能在短时间实现的小目标，引导她向前看，从已经实现的小目标中得到鼓舞，增强自信。随着小目标的积累，不但会形成一个实现大目标的动力，而且会让她形成足以克服自卑的信心。

### 4.开阔女孩视野

生活中，父母经常发现当许多女孩一起交谈的时候，有的女孩说得滔滔不绝、绘声绘色，而自己的女孩却只是在一边听，一言不发。这是什么原因呢？这主要是由于女孩的知识面不同，有的女孩见多识广，有的女孩知识面较为狭窄。而那些知识面较为狭窄的女孩更容易自卑，父母需要有意识地帮助女孩丰富知识，开阔女孩眼界。

### 5.鼓励女孩多交朋友

自卑的女孩大多比较孤僻、不合群，喜欢把自己孤立起来。而积极的人际关系会为女孩提供必要的社会支持系统，利于自身压力的减缓和排解，让女孩的性格也变得乐观起来。而且女孩在与人交往的过程中，会更加客观地评价自己和他人。父母要多鼓励女孩交朋友，并教给她们一些社交技能。

### 6.让女孩从失败中吸取教训

女孩在生活中难免会遇到失败和挫折，而失败的阴影是产生自卑的温床。对此，父母需要及时了解她的心理变化，予以指导，帮助女孩及时驱逐失败的阴影。父母可以帮助女孩将失败当作学习的机遇，分析失败的原因，从失败中学习和吸取教训。也可以帮助女孩将那些不愉快、痛苦的事情彻底忘记。

### 7.引导女孩做比较容易成功的事情

当女孩成功的经验越多，她的期望值就越高，自信心也就越强。对于自卑的女孩来说，父母要帮助她建立起符合自身情况的抱负，增加成功的经验。当女孩遭遇困境，心生自卑的时候，父母可以引导女孩去做一件比较容易成功的事情，或者参加感兴趣的活动，以消除自卑。比如，当女孩在考试中失利了，不妨让其在体育竞赛中找回自信。

### 8.别轻易批评女孩

有的女孩自尊心较强，假如做错事情，自己就会很内疚。假如父母这时再冷嘲热讽，一顿责骂，就会严重挫伤女孩的自尊心。女孩就会破罐子破摔，表现越来越差。所以，当女孩做错事情，父母应关心、理解女孩，只要女孩知错能改就行了。这样女孩就会排解消极情绪，变得越来越自信。

## 坚持不懈地培养女孩的意志力

女孩缺乏意志力主要表现在做事缺乏计划，想什么时候去做就什么时候去做，想什么时候放弃就什么时候放弃；做事情经常做到一半就放弃，不知道为什么要坚持下去，也不知道怎么样坚持下去。

父母作为女孩的领航者，需要引导女孩认识意志力的重要性，并积极地培养女孩坚持不懈的意志力。当然，这是一个循序渐进的过程，也需要父母拿出自己的耐力。意志力对于女孩的成长过程很重要，有时候成功其实往往不过是你比别人意志力强了一点，坚强地支撑了更多的时间。

意志力是成功必备的条件之一，父母要想女孩在未来的人生中取得成功，有意识地培养其意志力是必须的。如何让自己的女孩有较强的意志力呢？当女孩不愿意继续完成一件事情，难道打骂就能解决问题吗？作为新时代的父母，必须摒弃落后的“棍棒”教育，坚持不懈去培养女孩的意志力。

月月正在上初一，平时想法比较多。她一会儿对妈妈说：“我看见同学文文在学小提琴，我觉得看起来好高大上，我也想去学，妈妈，你支持我吧！”女孩想学习，这可是好事！于是，妈妈张罗着报了名，为女孩买了一把崭新的小提琴。谁料，学了不到半个月，女孩就直嚷嚷：“好难学，我不学了……”妈妈责怪：“这女孩，怎么这样，做事情总是个三分钟热情……”

没过多久，月月又跟妈妈说：“妈妈，家里买个跑步机吧，你也知道我现在长胖了，我想减肥了。”这次妈妈没有马上妥协，而是说：“买来放家里当摆设吗？这样吧，你先每天坚持去公园跑步30分钟，如果你坚持了一个月，我就给你买。”月月兴奋地说：“成交。”可没过多久，月月就因喜欢睡懒觉而放弃了跑步练习，妈妈很庆幸当初明智的决定。不过，对于女孩月月做事缺乏意志力的状态，很是担忧。

坚持不懈地做一件事，需要较强的意志力，女孩的意志力是需要培养的，尤其是对于兴趣很容易转移的女孩，培养她的意志力更是刻不容缓的事情。现在，许多女孩稍微遇到一点困难就选择放弃，这对于她们未来的人生是极为不利的。因此，培养女孩坚持不懈的意志力应该从小做起。

## 小贴士

### 1.设定阶段性目标奖励

如果父母能够为女孩制订可行的目标，她做事自然就会有动力。比如，当女孩想要某种东西的时候，父母可以要求她先达成一定的目标，当她能够完成这个目标，就把某样东西作为奖品给她。当然，随着女孩年龄的增长，她所想要的标准也越来越高，不再是小时候喜欢的棒棒糖或者玩具，这时候，父母就要以合理的原则来为女孩定下目标，让女孩自己把握努力的成果。比如，女孩想去旅游一次，那么，父母就可以有意识把这一目标当作奖品，让她朝着目标完成一个阶段性的任务，可以是一学期的成绩，也可以是学习某种特长。有时候，父母也可以把制订目标的自主权交给女孩，让女孩提出一些要求，那些奖品父母只要觉得合理就可以了。

### 2.培养女孩的专注力

爱玩是女孩们的天性，她们往往能长时间地保持玩耍的状态，这其实也是一种较强的意志力。父母应该巧妙地在玩耍中锻炼女孩的意志力，让女孩把游戏当作比赛，以获得成就感来作为奖励。为了让女孩有较强的意志力，父母可以和女孩一起融入游戏中，并在玩的过程中故意出错，让女孩找出错误在哪里，这样她就能集中注意力，长时间地专注某一件事。由于专注力是意志力的基础，如果培养了女孩的专注力，那她的耐力自然就不会有问题。

### 3.鼓励女孩做喜欢的事情

其实，女孩的兴趣越广泛，就越容易磨炼出她的意志力。一个人的意志力，实际上就是延迟满足欲望的能力。在这一过程中，女孩保持了较强的意志力，在情绪上不波动，她的耐性自然而然就建立起来了。所以，父母可以安排女孩多参加不同类型的兴趣活动，如果女孩喜欢唱歌跳舞，父母就鼓励她积极参与，这样女孩在兴趣的激发下就会愿意接受历练并考验自己。当父母尽可能地把这样一个空间和平台提供给女孩，这就是一个良好的开始。

### 4.鼓励女孩多挑战

许多父母认为女孩还是女孩，一些事情可能难以长时间地坚持下去，这也是很正常的。其实，只要父母相信女孩能够做到，并给她一个挑战自我的机会，那么女孩就一定有意志力去完成事情。父母可以选择一些女孩现在做不到，但她们本身有能力做的事情，引导她们去完成，不要随便让女孩轻易地放弃。

面对挑战，父母应该与女孩一起制订一个具体的目标，帮助她不断地尝试挑战自我，树立进取心。比如，女孩不喜欢运动，开始跑步一会就停下来了，这时候，父母可以给她今天跑多少路程的任务，明天再追加到多少，这样时间长了，女孩就有了足够的耐力。

## 别随意插手女孩的事情

女孩缺乏自主的个性，主要是因为被过度保护。父母是女孩最强大的保护伞，女孩只要遇到困难，总是想寻求保护，于是女孩就在这样的保护下失去了自我判断力、自我抉择能力、自我思考能力。父母应该明白，最听话的女孩，并不是最好的女孩，父母不要随意插手女孩的事情，要把判断和选择的权利交还给女孩。

在犹太法典上写着这样一句话："五岁的女孩是你的主人，十岁的女孩是你的奴隶，到了十五岁，父子平等，就没有女孩了。"在犹太人传统的文化里，年满十三岁的女孩都要参加隆重的成人仪式，表示自己是真正的犹太人了，需要开始承担宗教义务了。

女孩具有了自立的性格，才能够快速适应独立的生活。父母希望女孩放弃对自己的依赖，就需要注重对女孩自立性格的培养。自立的性格是女孩学会独立、自主生活的关键，假如女孩在性格上喜欢依赖父母，不能承担责任，不会独立思考，这都会影响到女孩以后各方面的发展。

父母希望女孩有个美好的未来，就不能每件事都满足女孩的愿望，这样容易让女孩产生依赖，没办法自主、独立地去做事情。这样的女孩害怕遭遇挫折、承受压力，害怕尝试新事物，没办法面对突然的事件。

培养女孩自立的性格，需要父母学会放手，因为女孩必须学会选择、承担，能够自我服务，不盲目听从他人的意见，女孩需要长大，需要学会独立。所以，父母不要担心女孩会吃苦，而应让女孩早日独立、自主地生活。

小贴士

1.女孩并不需要盲从父母的意见

父母需要允许女孩适当不听话，不讲理，因为这表示女孩已经具备了独立思考的能力。当女孩不愿意服从父母的命令时，父母需要鼓励女孩说出自己的想法，只要女孩的想法是可行的，就可以按照她的想法来，只有父母放手才能培养出女孩的独立性。当女孩不可理喻的时候，父母不妨反思：我说的真的是女孩想要的吗？一个每件事都听从父母的、大多数只是在盲从他人意见的女孩，并不值得夸奖。

2.别制订太多的规矩

假如父母希望培养女孩自立的性格，那就不能定太多的规矩。因为女孩想要获得独立的性格，需要更多的是自由，父母总是定规矩，那女孩的个性就会被束缚。比如，如果父母给女

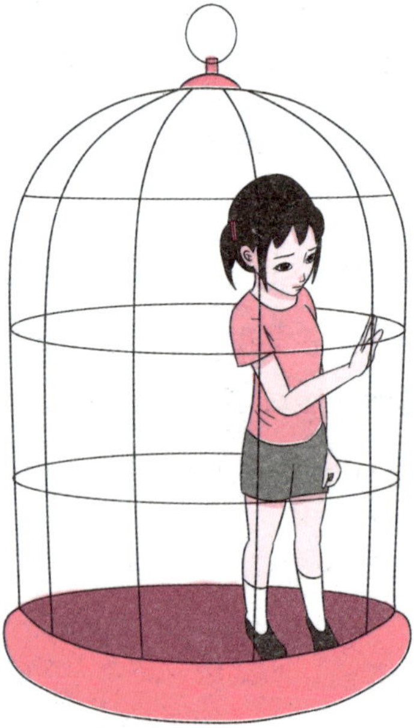

孩很多自主权，只告诉她：做完作业再玩，或者告诉她：照顾好自己，那么女孩从小到大都会做得很好，不会让父母操心。父母没有严格管制，不过这样的女孩却成为了别人眼中的优秀女孩，其自立自强尤其会让人印象深刻。不管是生活还是学习，这样的女孩都能打理得井井有条。女孩想要自立，就要多一些个人空间，父母减少规定，就会让女孩拥有更多的自己，而自由的氛围是利于女孩“自我”，也就是自主性的发展的。

### 3.给女孩提供远离处罚的环境

假如女孩每次违背规矩都要被处罚，那这处罚就是对女孩心灵的一种打击。由于女孩对处罚生出了恐惧，那就宁愿放弃个性以及自主性了。父母对女孩的坏习惯，不管制不行，管严了也不好，父母需要给女孩提供一个远离处罚的环境。

### 4.让女孩学会自律

独立的个性可以让女孩更积极地管理自己，女孩需要摆脱被动地听话，等着他人来帮自己做决定。通常来说，那些不具有独立性的女孩，不自觉、自律地生活，长大后就会被社会淘汰。父母需要让女孩学会自己的事情自己负责，自己解决，管理好自己的生活。一旦女孩学会了自律，才能更加独立、自主地决定生活方式。

### 5.别随意插手女孩决定好的事情

对于女孩自己的事情，父母要鼓励她自己解决，别随意插手。尽管女孩的选择有幼稚、不完善的地方，不过父母要清楚，即便再不成熟的决定，那也是女孩自己的决定。女孩需要这种自我选择、决断的机会，而女孩则会在失败中走向成熟，其个人独立性也会得到有效提升。

## 培养女孩独立自主的性格

犹太民族很重视女孩的独立性，在女孩很小的时候，犹太人就给女孩们进行独立性格的培养。女孩虽然可以靠父母和亲戚的庇护而成长，因爱人而得到幸福，但是不管怎么样，人生归根到底还是要靠自己。父母需要告诉女孩：一个人要想成就大事，从心底里感受到生命的充实，那就必须靠自己。所有的事实都证明："一切靠自己"是最明智的人生理念。

在女孩成长的路上，其成就动机是促使女孩们成功的原动力。作为父母一定要注意培养呵护女孩的成就动机。通常情况下，那些成就动机高的女孩，在生活中往往具有独立的见解，能够抵制不可靠的意见，做事情很容易赢得成功。而且，在做事情的过程中，她们总是可以尽自己最大的努力，克服一切障碍，将自己的潜能发挥到极致。

相反，那些成就动机低的女孩，她们总感觉信心不足，认为自己不行，而在设置目标的时候，她们又设置一些不切实际的目标，结果因不付出努力，一次次失败。

当然，女孩的成就动机是可以在日常生活中培养出来的。最关键的一点，就是父母一定要让女孩学会自己依靠自己，让她知道不论做什么事情，都必须依靠自己的力量，这样才能克服障碍，把事情做好，这样才能增强其成就动机。

### 小贴士

#### 1.告诉女孩：永远相信你自己

犹太人教育女孩的方式是十分特别的，他们在女孩面前挖一个坑，然后叫女孩往前快跑，假如女孩乖乖地掉在坑里，一定会遭到严厉的责备："在这个世界上，不要相信任何人，只能相信你自己。”在平时的生活中，假如女孩自己摔倒了，她们不会像中国的女孩一样哭闹不止，都会自己爬起来，因为她们知道，哭闹都是没用的，谁也没时间管自己。

### 2.不要抱怨女孩太较真

有时候当女孩真的想去靠自己的时候，有的父母却抱怨女孩认真过头，太计较。当女孩真的自己努力去做某件事情的时候，父母有时觉得女孩不用这样认真。父母可能经常会抱怨女孩太认真，但是这样做是错误的。假如父母从一开始就不主张女孩做到最好，那女孩一生可能也不会认为自己就是最好的。假如女孩从小就不能仔细分辨态度与行为的差异，那她今后可能也不会那么严肃地对待学习和生活。

父母需要正确对待女孩的成就动机，假如女孩天生爱较真，每件事都想做到最好，那父母就应该想办法去呵护女孩的成就动机；假如女孩不好强，凡事都顺其自然，那父母需要花时间去培养女孩的成就动机。

### 3.激发女孩的成就动机

父母帮助女孩树立能够达到的目标，激发并帮助女孩保持适当的成就动机，让她们明确知识学习，品德修养等追求的目标。当女孩在一次活动中获得成功的时候，她们会感到满足，这时父母应教育女孩不能满足于现有成就，在夸奖她们的同时，帮助她们树立进一步的目标。

### 4.相信女孩的能力

父母要相信女孩的能力，给予她们锻炼的机会，只要女孩自己能够做的，就应该让她们去做。凡是女孩自己能想到的，她们就会有尝试的愿望，父母要不厌其烦地给女孩机会，允许女孩去做一些她们自己能够做好的事情，这样会增加女孩的自信心，利于她们赢得成功。

父母应该有意识地培养女孩的独立能力以及自立意识。因为对于一个充满朝气的女孩来说，要是觉得自己有能力，一百个人说她是白痴也没用；假如女孩觉得自己很没用，那即便给她注射兴奋剂也无济于事。父母需要告诉女孩：任何成功靠的都是自己的努力和机遇，这跟别人的照顾没有决定性关系，正所谓天道酬勤，只要你相信自己，那生活就一定会越来越好。

## 帮助女孩树立人生目标

一个人的人生目标很重要，因为人生不可能没有灯塔。许多父母总是抱怨自己的女孩容易受环境的影响，不知道好好学习，如何解决这个问题呢？其中一个非常重要的方法就是帮助女孩树立人生目标。为女孩树立人生目标，并非像一些父母所认为的是很空洞的、没有任何实际意义的事情，实际上这是一个很重要的问题。一旦女孩有了目标，不管是大目标还是小目标，只要女孩认为这个目标是她心中的理想就可以了。

一旦给女孩树立了正确的人生目标，除了目标本身所赋予的意义之外，还能够起到很大的作用。女孩有了人生目标，就能增强免疫力，抵御周围那些不良的环境。这样能够有效防止女孩养成坏习惯，让女孩形成独立、有主见的性格品质。凡是那些在心中牢固树立了人生目标的女孩，都能够自觉、主动地抵抗外界不良事物的诱惑，无一例外地成为了有主见、坚持走自己路的优秀女孩。

女孩因为年纪较小，并不知道学习对自己将来有什么影响，也不清楚学习书本知识有什么作用，因此她们只愿意做让自己开心的事情，比如嬉笑打闹。这并不是女孩的错误，而是父母没有尽到帮助女孩树立人生目标的责任。

父母应告诉女孩，生命要存活，只要一碗饭，一杯水就足够了。不过若是想活得精彩，就需要有远大的追求和坚定的目标，宏伟的人生追求是人生不可或缺的精神动力，假如丧失了它，人就没有了灵魂，如同行尸走肉般。

宏伟的人生追求可以让人战胜惰性，唤醒自省的潜力，百折不挠，勇往直前。作为父母，需要帮女孩从小树立宏伟的人生追求，树立远大的奋斗目标，才能唤起女孩的热情，才能让她们有热情去克服很多困难和挫折，最终成为优秀的女孩。假如女孩的生活没有了目标，过一天算一天，人生便没有什么价值，更不会赢得任何成就。

**小贴士**

1.为女孩树立追求的好榜样

父母对女孩的影响是很大的，从女孩呱呱坠地，一直到18岁成人，接触最多的就是父母，而女孩的这个阶段正是喜欢模仿的时候，父母的一言一行，女孩在不自觉中就能学会。要想让女孩树立远大的人生目标，父母首先要有目标，有追求，行为上努力上进，这样女孩才会学习父母的勤奋，为自己定下目标，未来才会有所收获。

2.了解女孩的兴趣和特长，尊重女孩的选择

父母要善于培养女孩的兴趣，然后在一些特定的兴趣上，注重投入时间和精力，让其成为女孩的特长。假如一旦发现女

孩的兴趣不再或其他情况，则需要帮助女孩及时调整。假如父母勉强女孩去做自己不喜欢的事情，那最后的结果往往是与预期背道而驰的。

### 3.通过名人故事激励女孩树立人生目标

父母如果希望女孩不贪玩，主动去学习，需要给女孩多讲讲人生的追求和意义。当然，仅仅是理论方面的说辞，女孩并不理解。这时父母不妨用名人榜样引导女孩，帮助女孩树立起自己人生的目标，让女孩认识到只有从小树立宏伟的人生追求，成长中不会迷失方向，才能实现自己人生的价值，从而主动去学习。

### 4.激发女孩对目标的向往，为其实现目标创造条件

父母需要激发女孩对目标的向往，激发其潜力。比如女孩想要一件礼物，我们可以不马上答应女孩，而是要求女孩在成绩进步上做出一定努力，得到一定回报之后，这个礼物才可以作为奖品送给女孩。教育女孩凡事都要经过自己的努力才可以有回报，这将加强女孩实现目标的兴趣。

### 5.将人生大目标分为小目标

父母在帮助女孩树立起宏伟的人生追求之后，为了让女孩达到大的人生目标，需要随时关注女孩们的内心想法、学习情况，帮助女孩去分解目标、逐一实现。有时候女孩会因为实现了小目标，体验到了成功的愉悦，进而不断努力，向着下一个小目标前进，这样女孩就会渐渐地接近大的目标，直到最后实

现人生目标。

### 6.鼓励女孩立即行动

女孩很容易在受到激励的情境下树立人生目标，憧憬追求，不过假如缺乏行动，一切都将付诸东流。因此，父母帮助女孩树立了远大的人生目标还不够，还应该关注女孩将目标转化为行动，督促女孩马上行动，不断地努力，即便遇到困难也不要放弃，这样才能促使女孩最终将目标变成现实。

有人追求吃喝玩乐、纸醉金迷的生活，说明其内心很空虚，一生将碌碌无为；有的人目标远大，因此生命里随时充满着希望，不管多么艰难，也要尽可能努力实现生命的价值。父母需要帮助女孩树立起远大的人生目标，这样女孩才会从小学会控制住贪玩的心，主动学习，长大后也会不畏困难，勇往直前。

## 培养女孩领导力，让她成为有力的竞争者

领导才能是父母需着重培养女孩的重要品质之一。女孩的领导才能是各种能力的综合，在她发挥领导才能的过程中，其综合分析、创造、决策、随机应变、协调、语言表达等能力都得到了相应的锻炼。

当然，女孩身上所体现的出来的领导才能并不同于成人群体中的领导才能。在女孩身上，并没有体现出过多的权力因

素，而更多的是自信和成就感。一个女孩如果具备了一定的领导能力，那么她在交往、应变、语言表达能力等方面都会远远超过同龄的女孩，这样在她身边的女孩就会对其产生一种亲切感、信赖感和佩服感。

在小镇的一个超市，15岁的安妮正站在收银台边上，忙着帮客人把买好的东西一件一件麻利地装进购物袋。安妮长得很结实，平时温文有礼，兴趣广泛。15岁的安妮平时非常忙，除了学习之外，安妮不但是学校学生会成员，而且还是学校羽毛球队的队员和省女子青年组足球队队员。几乎每天晚上或周末，安妮不是有训练、学生会的工作，就是有比赛。

一位在购物的朋友跟安妮打了个招呼，安妮也很有礼貌地回应，朋友问安妮："暑假有什么计划？忙了一年，是不是利用暑假的时间，好好地休息一下外出度假？"没想到安妮兴奋地告诉朋友："今年暑假我要参加教会组织的志愿者活动，去非洲的一个小镇，帮助照看当地的战争孤儿。为了筹集资金，在接下来的几个周日，我会来超市帮人装购物袋，筹集资金，周六在农夫市场出售自己烤的蛋糕和饼干，赚得钱帮我付部分去非洲的开支。"朋友关心地问："你父母同意吗？"安妮笑着说："他们为我的想法感到骄傲，非常支持我。不过，他们给我提了个要求，就是必须自己筹集去非洲一个月所需的全部费用，他们是想看我是不是真的有去非洲做义工的决心，所以这几个月我都要忙着筹款了。"

在以色列，像安妮父母这样鼓励女孩利用周末、节假日做志愿者的父母不乏其人。当女孩还很小的时候，父母经常会带领女孩一起为当地的银行、博物馆、图书馆、体育运动组织等做义工。随着女孩的成长，父母放手鼓励女孩，让女孩独立参与政府机构、养老院、非盈利机构的志愿者活动。在父母看来，做志愿者不但给女孩提供认识社会、丰富生活经验、学习处理社会上各种复杂人际关系的机会，而且更能让女孩在实际生活中观察、模仿和实践领导技能，因为领导力必须通过女孩的体验所得。

**小贴士**

**1.让女孩懂得理解别人**

领导者总是吩咐别人来做事，这就需要领导者具有比常人更优秀的沟通能力。领导者要有理解别人的能力，与人沟通，协调同伴之间的矛盾和冲突，解决发生在内部的分歧，让大家都朝着一个方向努力。这样，领导者才能赢得别人的尊敬。所以，在日常生活中，父母需要培养女孩的沟通能力，在家庭活动中，锻炼女孩小主人的意识，让女孩懂得理解别人、团结别人，培养女孩与别人沟通的能力。

**2.让女孩单独去完成任务**

大多数女孩都有一定的依赖性，这其实是她们丧失自信的一个重要原因。女孩缺乏了自信，因而总不敢单独去完成一些任务。所以，当父母吩咐女孩去完成一件事情的时候，要学会鼓励女孩："我知道你一定能做得到的。"如果女孩取得了成功，父母要给予夸奖："你果然做到了，真了不起。"当女孩听到了这样的话，自信心就会大增。女孩对自己的能力充满了自信，她就能够独立思考、独立行动，尤其是当女孩参与同龄女孩的活动时，她就会敢于参加，而且有一种必须成功的劲头。女孩有了一定的自信心，她就会有自信去领导自己的团队。

### 3.让女孩懂得为自己的言行负责

领导者是有一定的责任意识的，她会对自己团队的成功与失败负责。对于女孩来说，她的责任意识就表现在她对自己、对他人以及日常生活中各种事情的态度上。所以，为了培养女孩的责任意识，父母不仅仅要要求女孩自己的事情自己去做，还需要让女孩懂得对自己的言行负责，比如，当她要去做一件事情的时候，就必须认真完成，这就是一种负责任的行为。

### 4.培养女孩决策能力和创新能力

父母常常认为女孩是没有想法的附属品，其实，女孩也能够感受到"自我"和"自我存在"，她们也经常为"什么都得听父母的"而烦恼。在这样一种有着强烈自我意识的心态下，女孩渴望独立行动并开始了决策。所以，随着女孩年龄的增长，父母要摒弃事事包办的习惯，尊重女孩的兴趣选择、价值判断等各方面的权利，给予女孩最大的信任，指导并帮助女孩独立自主的发展。

创新能力是一个领导者不可缺乏的素质，其实，创新能力隐藏在每一个女孩的身上，即便是年龄很小的女孩，她也有一定的创造力。这时候，父母应以奖赏的方式呵护女孩的好奇心，激发她内心的探索欲望，这样有助于培养女孩的创造性思维能力，也可以不断地增强女孩的自信心。

领导才能对女孩未来发展有极大的帮助，一个习惯于做女孩王的女孩，她能在未来的人生中扮演独当一面的角色，甚至带领自己的团队，因为她很早地接触了领导才能的方方面面。另外，领导才能对女孩当下的表现也有很大的帮助，那些具有领导才能的女孩往往担任了学习上的领导者，比如，班长、中队长之类的职务。而且，她们在课余活动中表现出来的领导才能，比智力或学习成绩更能准确地预测她们将来的成就。

第9章

# 青春期女孩的社交：给予自由，让女孩多交朋友

随着青春期的到来，女孩生理及心理都会发生显著的变化，心理也变得非常敏感脆弱。在这一阶段，她们已经不想跟父母说心里话，陪在她们身边的可能是朋友。那么对于朋友，女孩该怎么选择呢？

## 青春期人际交往障碍

人际关系问题是处在青春期的女孩最常见的心理问题，是导致各种神经症状的主要因素。不可否认的是，人际交往障碍影响了女孩的正常学习和生活。长期宠溺的家庭生活使得女孩很难适应独立的学校生活，自理生活能力很差，形成了女孩不良的人格特征。

处在青春期这个特殊的生理、心理发育时期，女孩的身心变化巨大。对于女孩来说，一方面十分渴望获得友谊和建立良好的人际关系；另一方面又有很强的自我意识与独立性。再加上女孩第一次离开家庭，她的心理健康水平比较低，自我调整能力差，以至于形成了一些不正确的认识和观念。所以，她很难适应新的人际交往和学校环境中比较复杂的关系，从而导致了人际交往障碍。

电话那边，李妈妈讲述了自己女孩的病例：我家女孩今年17岁了，是一所普通高中二年级的学生，我和她爸爸都是大专毕业，在机关工作，我们家族都没有精神疾病的历史。因为家里就她一个女孩，全家人对她都很疼爱，不过，她爷爷对她要求严格，希望她将来可以做出一番大的事业。女孩从小就很腼腆，不喜欢说话，家里来陌生客人了，她也是经常躲而不见。

在整个读书期间，她都没什么朋友，平时不上课就窝在家里。

但现在女孩读高中了，她开始寄宿了，开始感觉到很多事情不顺利，她很苦恼，常常向我抱怨，一副不知所措的样子。前不久，听她说在学校里一个男生无意中用余光瞄了一下自己，她就觉得对方在警告自己。从此，她更害怕与人打交道了，尤其是遇到异性，她就很紧张，注意力无法集中，学习没有效果。后来，严重的时候，发展到与同性、与老师不敢视线接触。她常常对我说："妈妈，我很痛苦，好苦恼，可又不知道该怎么办？"看见女孩这样，我真的很痛心。

许多处于青春期的女孩都有人际交往障碍，她们心里有很

多苦恼："我性格内向，不愿和别人交往，我挺烦的，怎样才能做一个善于交际的人呢？""我是一个女孩，我想说的是，我无论和男的或女的说话时，都不敢看对方的眼睛，手一会儿挠头一会儿揣兜，不知道该怎么办？""我太在乎别人对我的看法，和别人沟通时，我都担心别人怎么看我，尤其是面对比较重要的人，我还有点自卑""我觉得自己心理上有问题，很多时候很想跟别人聊天，但又不知道有什么好聊的，很多时候我很害羞，说话也不敢大声，我感觉自己好胆小好内向"。从女孩们的心声中，我们可以看出她们中的大多数只是性格内向不善于交际，或是不懂得社交的艺术，导致社交过程中出现不适，而并非她们不愿意与人交往。

在青春期，一个人生理和心理都要发生急剧的变化，如果在这一阶段遇到心理问题，没有解决好，就很可能影响她们将来的升学、求职、就业、婚姻等一系列社会化进程。

## 小贴士

### 1.父母在女孩面前做好榜样

父母之间要和睦相处，有浓厚的社交兴趣，需要有相当的社交能力给女孩做出示范。在生活中，一些神经症或精神病患者的家庭往往父母不和、经常吵架，或者两人对女孩的教育意见出现了分歧，等等，这样一些情况都会让她表现出不安、犹豫、没有信心、胆小怕事的性格特点。即使父母不能完全同意彼此，也不要暴露在女孩面前。

2.鼓励女孩与同龄女孩交往

现代社会，大多数家庭都是独生子女，虽然，许多女孩能受到父母良好的教养。但是，如果她们缺乏与同龄女孩的交往，其身心将不能健康成长。女孩在与同龄人的交往中，会遵守共同的规则，学会交往，学会尊重别人的权利。而且，从中还可以学到如何与人合作，如何交朋友。

## 及时关注女孩的内心变化

人是生活在各种人际关系中的。与人交往，是人的一种心理需要，交往对青少年的成长有着特殊意义。心理学家指出：“人们总是希望有人与他进行交流，从而摆脱孤独与寂寞；希望参与具体活动，希望加入某一群体，并为之接纳，从而获得归属感。这样，快乐时有人与你分享，痛苦时有人为你分担，迷茫时有人给你指点方向，困难时有人给你帮助，忧伤时有人给你安慰，气馁时有人给你打气。通过交往，人们能够寻求心灵的沟通，能够寻找感情的寄托。”

小娜以出色的成绩考上了一所重点中学，可才上学没几天，小娜突然对妈妈说：“我不想上学了。”小娜是一个内向的女孩，不愿意与人交往，很少与人主动打招呼，在同学中关系比较好的也只有那么一两个，平时独来独往，显得很不合群。而来到新的学校，一切对小娜来说都是那么陌生，她没有伙伴，感到自己备受冷落，认为自己不被别人喜欢，心里非常难过，小娜说自己似乎不是这个班集体的人，没有人理会自己。

当小娜说了自己的情况之后，妈妈也没多在意，只是鼓励说："你要主动与同学交往，与他们交朋友。"过了一段时间，小娜基本上不与同学来往，很少参加集体活动，与同学之间的感情越来越淡漠，她在日记里写道："我感觉在学校里没有人可以了解自己，信任自己，帮助自己，孤独感和自卑感时刻笼罩着我。"妈妈也感觉到小娜情绪很不稳定，时而抑郁，时而焦虑，痛苦至极。由于情绪不稳定使得学习精力很难集中，学习效果非常差，成绩也急剧下降。看见女孩这样，妈妈很着急。

当心理医生给小娜做"我是什么样的人"自我评价的测试时，小娜只写出了三条自己的优点，其余都是自己的缺点和不足。从这些可以看出她对自己评价很低，缺少内在的自我价值感。通过沟通，心理医生了解到小娜的爸爸不喜欢女孩，一直想要一个男孩，所以，爸爸从小到大都很少欣赏、鼓励、赞美她，正是爸爸重男轻女的偏见，造成了女孩的自卑和痛苦，也间接形成了小娜的人际交往障碍。

通过大量研究发现，在良好的人际关系中成长起来的女孩，在成年之后更容易获得成功。许多教育家也认为，学生时代的友谊会影响一个女孩交友的习惯、自尊心，其程度几乎相当于父母的关怀。如果女孩没有朋友，或者说不被同伴所接纳，那么，即使她后来取得了很大的成功，但心理上还是有一种不安全感和不满足感。

## 小贴士

### 1.利用互惠心理，引导女孩交朋友

一位心理学教授曾做了这样一个实验：在一群素不相识的人中随机抽样，给挑选出来的人寄去了圣诞卡片。结果，大部分收到卡片的人，都给他回了一张。那些回赠卡片给教授的人，根本没有想过去打听这个陌生人是谁，他们回赠卡片的原因在于他们不想欠别人的情。

对此，父母可以建议女孩在朋友过生日时送份礼物，过年过节给朋友发一个问候的短信。教导女孩慷慨大方、殷勤好客，乐施小恩小惠给自己渴望结交的朋友，比如，帮对方做事、送礼物给对方、邀请对方看新买的书，等等。

### 2.为女孩制造结识朋友的机会

如果女孩经常独来独往，缺少朋友。那么，父母可以为女孩穿针引线，制造一些结交朋友的机会。现代社会，一个家庭往往只有一个女孩，而她总是独自一个人在家，自然不容易交到朋友。父母不妨做一个中间人，比如邀请朋友、同事或邻

居的女孩到家里玩，让女孩热情招待她们。女孩们玩起来的时候，父母应回避，如果女孩玩过了头，父母应温和建议“玩得太久了，要不约个时间下次再玩，好吗？”

### 3.引导女孩处理交际中的问题

女孩在与朋友交往的过程中，难免会出现这样或那样的问题。这时父母应留心观察，耐心地给予指导，如果女孩与朋友之间出现了矛盾，父母应及时了解原因，帮助女孩分析，引导她自己去化解矛盾、处理问题。

虽然心理比较自闭的女孩需要父母的引导，但是父母也应给女孩一定的自主权，让她在合理的范围内自己做决定，这样才有利于女孩的健康成长。在选择朋友方面，父母不要干涉太多，否则，效果会适得其反。

## 别限制女孩交朋友的权利

女孩成长的每个阶段都需要朋友，古人云：“近朱者赤，近墨者黑。”许多父母都明白这个道理，他们担心女孩结交了不好的朋友，或者陷入早恋，于是，在女孩的交友过程中，父母或多或少都会进行干预或指导。对于父母来说，他们都是世界观和价值观已经成熟的过来人，但是，在面对女孩交友方面，却一味摆出强硬的姿态，干涉女孩交朋友的权利，如此，产生的效果只会适得其反。

对于父母限制自己交朋友的权利，女孩们有话要说。一位初三的女孩说："我爸妈经常叫我跟学习好的同学玩，但跟我玩得好的成绩都很一般。我喜欢跟活泼开朗的同学交朋友，他们性格阳光，容易相处，也和我一样喜欢运动，我们相处很开心。"另一位初二的女孩也说："我爸妈管我很严，每天放学回家都要向他们汇报在学校的一切情况，我很烦他们问这问那，更烦的是他们每次都不忘教育我要跟成绩好、品德好的同学一起玩。我其实很叛逆，我反而喜欢跟那些成绩差的同学玩，我觉得他们很有趣，也够义气，所以，经常跟他们打成一片。我讨厌父母的干涉，越干涉我就越叛逆。"

一位妈妈讲述了这样一个故事：

那天，我们一家人坐在家里看电视，我还特意去弄了一盘水果。正看得起劲的时候，电话铃响了。15岁的女孩一下子跳起来，喊道："我来接。"她跑进自己的房间，拿起电话还不忘跑到门边把门关起来。这一系列动作让我和她爸爸惊愕不已，我们交换了一下眼神，彼此看到一个个问号：为什么这个电话就像是早就预约好的？为什么要到自己房间去接听呢？为什么要关上门呢？难道？我和她爸爸从来没这样"心有灵犀"过。

她爸爸用眼神示意我拿起桌上的电话，我急忙跑了过去，拿起电话，我听到一阵快乐的笑声，或许因为太紧张，我不自觉地咳嗽了一声。这时，女孩在屋里大声说道："先不说了，我们家有窃听器！”然后，“啪”的一声，电话挂断了。我惊恐地望着女孩的房门，但是，那扇门却久久没有打开。

后来，过了很久，女孩才开始跟我说话，当我们再次谈到这件事的时候，女孩眼里蓄满了眼泪，她说：“其实那个电话是一位女同学打来的，我们并没有什么不能让人听的话，我还准备听完电话就把那件好笑的事情告诉你，但是，为什么不相信我，为什么要干涉我交朋友的自由呢？难道我没有自由交际的权利吗？”听了女孩的话，我陷入了沉思。

心理学研究表明，青春期女孩的思维、行动受到过多的限制，活动范围狭小，接触的事物单纯，不与同龄人交往，很容易使心理发生变异，形成孤僻、难以与人沟通和相处的性格。

在生活中，有的父母对女孩管得太严，限制干涉太多：参加活动要限制时间、交往要限制对象、外出限制地域、娱乐限制范围，等等，但他们忽视了正在走向独立的女孩有怎么样的心理需求。

小贴士

1.对女孩交友，应当劝阻，不应包办

父母替女孩把好“交友关”确实很重要，尤其是当女孩沉迷手机、网络聊天的时候，父母应适当劝阻。但是，父母不应该太自私和功利，仅仅凭着成绩的好坏来帮女孩挑选朋友。如果自家女孩成绩好，更有责任去帮助那些成绩不好的女孩，这能够培养女孩的社会责任感。一味地让女孩远离同学，很容易养成她自私的心理。

2.与女孩成为朋友

交友，交友，首先，父母就应该做女孩的知心朋友，敞开心扉与女孩聊天。通过聊天，女孩才能把心里的疑惑和成长的烦恼告诉父母。而且，这样的聊天是平等，而不是居高临下的，你可以问女孩：“你对朋友有什么要求啊，看我合不合格呢？”融洽与女孩的关系，自然会帮助女孩解决交友的问题。

3.尊重女孩的隐私

许多父母抱着：“我生你养你，你是我的，我当然有权利知道你的一切，包括你所交的朋友”的想法。实际上，这对女孩来说是一种伤害。父母应该尊重女孩的隐私，当然，这并不是放任，而是在接触女孩隐私时寻找出最佳的途径，比如，女孩打了电话后，你可以问：“电话打那么久，是不是有人要你帮忙？”

## 青春期女孩的异性交往是正常的

青春期是个体从性机能没有作用发展到性机能成熟的阶段，其发展变化迅速而短暂。随着生理在激素作用下的急剧变化，女孩产生了性心理适应问题，其中包括与异性交往的心理。在青春期，少男少女产生了一种特殊的情感体验，开始进入心理学的异性期：开始对异性感兴趣，并产生思慕心理。

在这个特殊的年龄阶段，男女同学之间如果互相产生了好感，他们会一起学习，结伴参加各种集体活动。心理学家认为，女孩热衷于异性交往是成长中正常的心理现象，这种感觉是每个人都会经历的，这不是早恋。

已是过来人的秦妈妈讲述了自己与女孩之间的故事：

我是离婚的女人，一个人带着17岁的女孩过日子，我的愿望是让女孩上个好大学。从小，女孩学习就很好，一直当班长，我经常教育女孩要学会帮助别人：“假如自己有一样东西，要把最好的给别人，帮助别人是一件快乐的事情。”

女孩交朋友我不会干涉，但会密切关注女孩与哪些朋友一起玩。女孩上高二的时候，班上转来一名北方的男孩，个子高高大大的，但比较消沉，学习成绩不怎么样。女孩回家每次都会提到那个男孩的名字，我小心翼翼地问："你为什么总是那么关注他呢？"女孩笑着回答说："班主任让我课后辅导他的英语，所以我们走得比较近。"我没作声，但有些担心。后来，我跟大多数父母一样做了一些蠢事，我偷看了女孩的日记，跟踪了女孩几次。女孩发现后，开始像看敌人一样看我。

在心理医生的帮助下，我先跟女孩道歉，然后与她倾心交谈。谈话中，我了解到女孩的孤独和烦恼，同时，了解到那个男孩因为刚刚遭遇家庭变故才变得消沉，女孩是因为同病相怜才去安慰他，他们也因此成为了谈心的朋友。女孩表示以后不会让我伤心，好好读书，但要求放松家规，信任并尊重她。我答应了，直到现在，女孩与那位男孩依然是很好的朋友，我很庆幸当初没做更坏的事情。否则，我一定后悔终生。

离异家庭中成长的女孩有着敏感的心理，她们害怕自己被人看不起，更容易被那些同病相怜的人所打动。在这个案例中，秦女士及时咨询了心理医生，挽回了与女孩的关系危机。而恰恰是在倾心交谈之中，秦女士才意识到原来女孩是那么的孤独和苦恼。其实，在现实生活中，许多父母只关注女孩成绩好不好、生活好不好，但却忽略了女孩的心理问题，而这些问题可以通过女孩的择友体现出来。

青春期之前，女孩心里所依赖的是家长，进入青春期以后，她们的心理开始转移，重心将放到朋友身上。女孩开始交朋友，为了朋友，她们可以去学校门口等，可以和朋友一起逛街，可以和朋友留在学校打篮球，甚至去打架，不在乎回家晚了父母的脸色。是什么力量让女孩变成这样呢？其实就是女孩的心理需求的问题。

## 小贴士

### 1.正确看待女孩与异性交往

由于青春期是求学的黄金时期，某些父母总是担心女孩幼稚、冲动，影响学业，对她结交异性朋友常常持反对意见，戴着“有色眼镜”，任凭主观臆测，给女孩施加压力，用“早恋”来界定女孩们的这种情感需求，限制女孩与异性交往。其实，这样做不仅伤害了女孩的自尊心，还容易造成心理偏差，影响女孩以后的人际交往和社会适应能力。

青春期女孩出现对异性的朦胧好感是很正常的，通过与异性的交往认识异性，这也是成长的必经过程。对此，父母不要神经过敏，而应站在女孩的立场上，跟女孩一起讨论“男女生交往怎么样才妥当”。

### 2.了解女孩的朋友交往需求

在青春期，女孩时而浮想联翩，时而忧心忡忡，这些感情不适合与父母分享，父母不是女孩吐露心声的选择，而最好、最安全的是身边的朋友。

## 引导女孩懂得巧妙拒绝他人

这是一封不愿意透露姓名的母亲的来信：

老师，您好！我最近一直很担心女孩的社交问题，她一向很听话，从来没让我们着急过，但是，最近我发现了她做事优柔寡断、不懂得拒绝别人，常常搞得她自己很苦恼。前不久，女孩透露说，班里有一个男生给她写了一封信，我和她爸爸都很开明，就对她说："这件事，你自己得与那个男生沟通，委婉拒绝他。"当时，她答应了，可过了几天，我再次问她的时候，她却说："我不知道该怎么拒绝他，万一伤害了他怎么办？"我们建议她想好了再说，没想到，这事情一拖再拖，这不，那男生又写了第二封信，她很苦恼。但是，我觉得完全是因为她优柔寡断、不懂拒绝的个性，将本来很简单的事情复杂化了。

平日里，我们都教育她要热情善良、大度礼让、乐于助人。但是，没想到她这样的个性在学校过得并不舒坦，她上高中一年多，由于同学的要求，她经常帮同学们借书、买饮料、跑腿、锁自行车、拿衣服……她自己舍不得花的零用花借给同学，同学没再提还的事情，女孩也不好意思要，只能在家生闷气。她每天回来都跟我说："妈妈，我觉得好忙，好累。"刚开始的时候，我并不知道真实情况，后来，问她才知道她对于同学们的要求从来都是不拒绝的。看见女孩越来越大，我就不明白了，怎么会那么优柔寡断，不懂拒绝人呢？要真是这样，将来怎么能成大事呢？

在这封信中，父母告诉女孩要热情善良、大度礼让、乐于助人，这样的教育是正确的。但是，问题在于，父母只重视了道德教育，却忽略了女孩的社会化教育。社会化教育的缺失让女孩在与人交往时显得心智不成熟。

作为一个社会人，我们每一个人都不能脱离社会而独自生活。假如女孩不懂得果断做决定、不懂得巧妙拒绝别人的不合理的要求，不懂得如何表达自己的不满情绪，那么，女孩在整

个社交活动中只会感觉到很累。

心理学家认为，一个人遇事反反复复、犹豫不决，总拿不定主意的现象是意志薄弱的表现，它直接影响着一个人选择能力的形成，而选择能力的强弱又对人的成功与否起着至关重要的作用。在人生中，有的选择会直接影响自己或他人的一生的命运，而优柔寡断、犹豫不决正是选择的大敌。

将来，女孩要独立面对纷繁复杂的社会局面，这时身边没有父母的话可以听，而自己又拿不定主意，不懂得拒绝人，那可能是要误事吃亏的。因此，做父母的要尽量教会女孩有自己的主见，懂得巧妙拒绝他人，教会女孩对自己负责，锻炼她们“拍板”的能力。

## 小贴士

### 1.不要培养“听话”的女孩

一直以来，父母通常的教育方式就是让女孩听话，听话的女孩就是好女孩，无论大事小事，需要女孩服从。对此，心理专家说：“胆小怯弱的女孩所接受的家庭教育，要么是父母管教比较严苛，要么是父母两人的教育态度不一致，一方太强，一方太弱。”父母在设置了一些禁令之后，只会让女孩服从、听话，而不告诉女孩为什么要这样去做，很少倾听女孩的意愿。在家里被要求听话的女孩，难免将这种人际交往方式迁移到与他人的交往中，因此，她们总是处在一种人强我弱的位置，对于他人提出的不合理要求，她们也不懂得拒绝。因此，父母不要总是要求女孩做这做那，而是要倾听她的意愿：“你打算做什么样的决定？”

### 2.鼓励女孩决断的能力

有的女孩遇事犹豫不决，一个重要的原因就是总怕自己考虑不周全。虽然，考虑周全是无可非议的，但追求万事完美，就会错失良机。父母应该让女孩懂得，凡事有七八分把握，就应该下决定了，这样可以锻炼女孩形成果断的性格。

### 3.教会女孩以商量的口吻拒绝朋友

拒绝别人，有时需要和对方磨嘴皮子，一直到对方认可自己。比如，碰到比自己小的女孩想要玩比较危险的游戏，你可以教会女孩这样拒绝：“你太小了，还玩不了这么大的车，太危险了，碰着你会流血的，等你长大了，我再教你玩，好吗？”

### 4.引导女孩坦然表达自己不满情绪

在学校，许多同学在家里做惯了“小皇帝”，总是指使身边的同学做这做那，如果女孩不懂巧妙拒绝的话，那就可能要受欺负了。因此，对于那些不合理的要求，父母可以引导女孩安全地表达自己的不满情绪，比如，“刚才做了那么多作业，我已经很累了，不好意思”。

## 指导女孩树立正确的交友原则

在青春期，女孩“渴望被接纳、寻求伙伴”的这一心理发展特点十分突出。对此，作为父母，应该指导女孩树立正确的交友原则，包括“君子之交淡如水”“人生难得一知音”等等。一方面引导女孩寻求朋友、接纳伙伴；另一方面培养女孩坚强的意志品质和自控能力，不要轻易将内心的痛苦、不悦吐露给朋友。

古人在谈修养时曾讲到有几慎，其中最重要的一慎就是“慎交友”。所谓“近朱者赤，近墨者黑”，这句话已经成为我国流传久远的至理名言，它生动形象地告诉我们交朋友要慎重、讲原则。这些道理，作为父母都是很明白的，女孩结交的朋友素质如何，对女孩的成长起着很大的影响作用，这是一种看不见的潜移默化的感染力，尤其是年龄相仿的女孩之间互相作用更大。

女孩上了高中之后，朋友开始多了起来，我和她爸爸都感到很高兴，因为本身我和她爸爸也是喜欢交朋友的人，家里经常会有朋友来拜访。不过，没过多长时间，女孩就满脸困惑：“妈妈，朋友之间是不是完全无保留？”“妈妈，刚认识一天的朋友喊我借钱，我该怎么办呢？”“妈妈，你说朋友是一辈子的吗？”在关于女孩交友这件事情上，我跟她爸爸有过商量，我们不会结交一些不三不四的朋友，也不会做伤害朋友的事情。

不过，女孩问这样一些问题，我该怎么跟她解释呢？

许多女孩说出自己的交友三标准“一是要成绩优秀，二是要有权，三是要有钱”，如此的交友原则令父母大跌眼镜。心理专家认为：女孩产生这样的观念可能是受家庭、同伴和社会不良风气的影响。作为父母，应言传身教，给女孩营造一个良好的家庭环境，树立正确的交友观念。

友谊是朋友之间的一种亲密感情，是道德品质的重要内容。对于许多人来说，一生中最温暖而又真情永驻的友谊是在少年时期培养起来的。因此，作为父母，应该积极主动，认真负责地帮助女孩树立正确的交友原则。

## 小贴士

### 1.引导女孩树立正确的择友观

马克思说：“一个人的发展取决于和他直接或间接进行交往的其他一切人的发展。”女孩交什么样的朋友，对她以后的身心健康与发展起着很重要的作用。随着社会的发展，女孩的交友观念有了很大的改变。由于女孩尚未成熟，缺乏社会知识和辨别能力，在择友上出现了一些不良的现象。有的女孩交友就是希望能跟着吃点、喝点、好玩点；有的则是自己不愿意学习，总想抄朋友的作业；还有的是讲义气，为了自己不被欺负而交朋友，等等。对此，父母要引导女孩树立正确的择友观，告诉女孩“朋友是志趣相投、志同道合的”。

2.为女孩做好榜样

一般来说，父母是女孩模仿的第一对象。父母对自己的朋友怎么样，潜移默化地，女孩就学会了对朋友怎么样。如果父母自己只交一些酒肉朋友，经常做一些伤害朋友的事情，朋友有困难了也不闻不问，那女孩在结交朋友的时候，也会变成一个不分好坏、自私的人。

3.教会女孩掌握交友的原则

引导女孩交良友、益友，好的朋友能使女孩得到友谊和快乐，与此相应，父母应结交一些良友、益友，远离酒肉朋友；教女孩学会体谅朋友，朋友之间若是发生了误会、口角，要“宰相肚里能撑船”，对待朋友要尽量忍让和谅解；“难得是诤友，当面敢批评”，鼓励女孩自我批评，学会接受朋友提出的意见。

第10章

# 青春期女孩的生理：耐心陪伴，帮她度过多雨的岁月

早恋是青春期女孩在成长过程中遇到的一个比较常见的问题，大部分女孩在这个阶段曾经遭遇过这样的问题。不过，在父母的正确指导和自己的努力下，她们都顺利地克服了困难，度过了那段青涩的岁月。因此，父母最需要的就是保持冷静，正确引导女孩看待早恋问题。

# 了解青春期女孩身心发展规律

歌德说：“青年男子哪个不善钟情？妙龄少女谁个不善怀春？”在青春期，女孩爱慕异性，这是极为正常的心理现象，这是每一个精神发育正常的青春期女孩都会有的感情的自然流露。进入青春期以后，男孩女孩彼此向往、互相爱慕，是女孩心理发展的一个重要表现，这也是她们恋爱成功与婚姻美满的性心理基础。作为父母，要了解女孩在青春期的早恋，就应该先了解女孩心理和情感在青春期早期的发展规律。

张妈妈是小学六年级的班主任，最近，班里一次偶然的男女生调换位置，却引来了许多同学的哄笑，有些胆子比较大的同学竟然开玩笑说：“这样就真的绝配了。”而那位被调换位置的女生似乎意识到了，脸红了，头低得很低。这件小事引起了她对这些女孩的关注，有了空闲时间，她就深入到女孩当中，了解她们的学习生活和思想状况。

果然，张妈妈发现了班里有传递纸条写情书的现象，一位写作能力较好的女孩用她细腻的文笔抒发了她对一位男生的爱意。而那些性格比较外向的男生一下课便跑到自己有好感的女孩的班上，希望能够引起女生的注意。在课间的走廊上、教室里，经常看到男生女生，你追我打，嘻嘻哈哈。每当男生在操场打篮球的时候，旁边总是三三两两围着一些女生。这可是小学六年级呢？张妈妈感叹，一想到就在本校读初一的女孩，她就忧心忡忡。

青春期的异性情感发展需要经历三个阶段的心理历程，称为“青春三部曲”：

### 异性排斥期

这个阶段大概在女孩9~10岁左右，持续时间大约为两年，在这一阶段，女孩的身体开始出现一些青春期早期的生理变化，比如，女孩的乳房开始发育，开始长阴毛。在女孩的潜意识里不愿意让别人发现自己的身体变化，因而产生了对异性的排斥心理。具体表现为，原来是两小无猜、互相打闹的好朋友，忽然变得生疏起来，互相回避，彼此不说话，不往来，男女界限“泾渭分明”。

### 异性吸引阶段

在女孩12~13岁左右，这一阶段将持续两三年的时间。女孩开始对异性产生好奇与好感，渴望参加有异性的集体活动。她们希望能结识有共同话题的异性朋友，这是女孩们学习与异性交往的重要时期，她们往往能在活动中发现自己喜爱的异性类型。

### 异性眷恋阶段

这一阶段又称为原始恋爱期，是青春期发展阶段的第三个时期。大多发生在女孩15~16岁，在这一阶段，女孩们心理蕴藏着内心的强烈眷恋，但又不敢公开表露，她们只是用精神心理交往方式来显示自己情感的纯洁性。同时，这也是女孩们的性心理发展阶段，她们的内心虽然多了冷静与理智的成分，但是，却没有办法克制自己的行为。

每一个青春期的女孩都要经历这样一个过程：排斥异性——在群体中找到自己喜爱的异性类型——期望与自己喜欢的某个异性深入交流。如果父母仔细观察女孩，就会发现她在每一个时期的不同表现。对待女孩的性心理发展历程，父母不应粗暴地界定为早恋，而是学会理解她的这种对异性眷恋的心理需求。

## 小贴士

### 1.鼓励女孩多参加群体活动

在青春期异性相吸的阶段，父母应该鼓励女孩多参加群体活动。如果她在这一阶段没有获得更多的机会参加群体活动，在群体交往中寻找自己喜欢的异性类型，那么，女孩有可能就会直接进入下一个发展阶段——眷恋某一个异性。在现实生活中，父母总是担心女孩与异性接触，尽可能地阻止她参加有异性的群体活动，殊不知，这样的禁令反而促使女孩提早进入早恋阶段。所以，父母要鼓励女孩参加对身心健康有益的活动，以转移其注意力，发泄其充沛的精力。鼓励女孩根据个人兴趣，发展个人爱好，这样的话，早恋的倾向会适当减弱或转移。

### 2.引导女孩正确与异性相处

青春期女孩对异性有强烈的好奇心，她渴望接近异性又害怕受到来自异性的伤害。作为父母，应该理解女孩的这一心理需求，鼓励她正常地与异性朋友交往，引导女孩在交往过程中，尊重对方的人格，真诚交往，互相学习。在与异性单独接触的时候，让女孩注意分寸，嘱咐女孩尽量不要晚上单独与男孩约会；如果对方提出一些无理的要求，要敢于说“不”。

## 培育女孩约束自己的能力

随着人们生活水平的普遍提高，青春期女孩得到了更充分的营养供给，再加上社会环境有形无形的“性”刺激，使得许多女孩性成熟的年龄提早到来，导致了现在青春期女孩谈恋爱的年龄越来越早。对这样的情况，父母应该有一定的思想准备，不能“自然教育”，任其发展，更不能粗暴对待。在早恋这个问题上，父母应该及时给女孩打好“早恋”的预防针。

青少年教育专家称，处在青春期的女孩，她们在与同性同龄人形成亲密朋友关系的同时，由于性的萌动而产生对异性的关注和恋爱的感情。而且，在青春期的过程中，这种关注会不断增强，以至于对某些特定的异性发出爱慕之情。

其实，这本身是一件很正常的事情，父母不要一味地担心与干涉。父母应该信赖女孩，尽量以朋友的身份、平等的身份与她谈心，引导女孩处理感情的问题，培育女孩约束自己的能力。

最近，张妈妈无意中浏览到这样一条帖子“为女孩找性家教的进来看”，具体内容是“本人，男性，曾尝试做过两次性家教，分别对一个初一男生和一个高一男生进行性心理辅导。对于青少年性教育，我可以给你的女孩带来丰富的性知识，使她们避免过早的两性接触，让她们顺利完成学习”。

看见这条帖子，张妈妈心中一动，她坦言：“如果他是一位女孩，我一定让他给自己的女孩补补课。女孩进入青春期以后，突如其来的生理变化常常让女孩手足无措，但又不好意思问我们父母。女孩现在正在上高中，她爸爸每天忙着做生意，照顾女孩生活起居还有督促女孩学习的担子就落在了我的身上。虽然说我们母女两人平时相处得比较融洽，但性教育这个敏感的问题让我觉得很棘手，由于两代人之间的代沟，有些话不好意思开口。如果有和女孩年纪相仿的人能跟女孩谈这个问题，正确引导女孩，就再好不过了。”

张妈妈继续说：“上个学期期末考试之前，女孩跟我说，班里有个男生喜欢她，但她不喜欢这个男生。我当时就跟女孩说，如果喜欢那个男生，就应该和他在学习上互相帮助，互相鼓励，千万不要荒废了学业。在说这些话的时候，我虽然表面很坦然，但心里却是忐忑不安，担心女孩跟那男生发展下去。我知道跟女孩说这些不会起太大的作用，但是又不知道该怎么来引导女孩。我觉得在早恋这个问题上一定要给女孩打好预防针。”

女孩的早恋大多是青春期朦胧、单纯的爱，她们对两性之间的爱慕似懂非懂，根本不知道如何去爱，只是觉得和对方在一起很开心，感觉到对方对自己有吸引力。这样的情感缺乏成年人在谈恋爱时对家庭、政治、经济等多方面的深沉而理智的考虑。一般情况下，女孩早恋得较早、较多，这可能与女孩发育比较早有关系。

而大量早恋的案例表明，女孩早恋成功者实在太少，两个人随着在各方面的不断成熟，由于性格、理想等方面的变化会引起感情的变化，如此的感情缺乏稳定性。当然，这些也是父母担心女孩早恋的原因之一。

## 小贴士

### 1.性教育是需要的

家庭教育包括很多方面，父母千万不要将某些教育推给学校，而是需要自己亲力亲为。当女孩进入了青春期，父母应该对她进行性教育，以及适当的恋爱、婚姻教育，打好早恋的预防针。如果发现女孩有早恋的苗头，不要慌张，而是对她进行热情的帮助，不妨对女孩说：“哪个少年不钟情，哪个少女不怀春，我是过来人，在你这个年纪，会特别喜欢一个男生，这是很正常的，但这样的喜欢只能保持在友谊的层面，不能成为恋爱，因为你们正处于长身体、学知识的黄金阶段，心理、生理发展尚未成熟，如果因为早恋而荒废学业，这是非常可惜的。”

### 2.冷静面对女孩的早恋

某些父母发现女孩早恋了，就责骂她，甚至冲到学校、对方的家中，或者向亲戚朋友诉苦，结果把整件事情搞得满城风雨。其实，如果发现女孩早恋，最好的办法就是理解她，耐心倾听女孩的诉说，给她热情、严肃的忠告，运用“冷处理”的方式。

## 青春期女孩的情窦初开

在成长的岁月里，几乎任何一个处于青春期的女孩，都有可能碰到异性的追求，这是一种正常的现象。对女孩而言，随着青春期的情窦初开，对异性产生渴望，并在暗中祈祷爱神的降临，这就属于正常的心理。

但是，让女孩感到麻烦的是，不少女孩在与异性的交往中，常常会遭遇到“落花有意，流水无情”的情况，自己中意的人未必会喜欢自己，而那些自己不喜欢的人却偏偏对自己有好感。女孩在面对这种情况的时候，常常感到手足无措，不知道如何拒绝对方，也不知道如何保护自己。

李妈妈讲述了这样一件事：

那天，我帮女孩打扫房间，无意中碰到了桌子，一本书掉了下来。我赶紧捡了起来，可是，却发现地上有一张粉红色的信笺，难道这张信笺是放在这本书里的？我想了想，打开了信笺，原来这是一封情书：某某，犹豫了好久，还是决定跟你写这封信……你不要猜测我是谁，我只是一个默默喜欢你的男孩，我很普通，普通到你可以忽略不计……希望你每天都那么快乐。一看见那潦草的字迹，我就猜出这是一个男孩写给女孩的情书。我心里又是高兴又是担心，高兴的是女孩在班里原来那么受欢迎，担心的是女孩会怎么处理呢？前不久，我才跟女孩谈了一次话，给她打好了早恋预防针，女孩也拍着胸脯向我保证“妈妈，我不会早恋的，如果我遇到了感情问题，一定会跟你说”。

晚上，女孩像往常一样回到家，但我发现她有些心神不定，时而望着我，好像有话要说。果然，晚饭之后，女孩来厨房帮我收拾碗筷，低声跟我说：“妈妈，我收到了一封情书，该怎么办呢？”我没直接说拒绝，而是问女孩：“那你喜欢那个男孩吗？”女儿摇摇头，我心里有底了，对女孩说：“那么，你应该委婉地拒绝他，告诉他，现在你们年纪还小，最首要的任务是学习……”

在这一时期，青春期女孩有这样一种心理特点：害怕失去朋友。人天生就害怕孤独，女孩也一样。在她们看来，自己交到一个知心的朋友很不容易，怕拒绝了对方连朋友都没得做。所以，在对待异性求爱时往往是犹犹豫豫，当断不断。还有的女孩不懂得拒绝的技巧，不会开口拒绝他人。当然，这与女孩有没有胆量没有关系，而是因为女孩们不习惯说“不”，觉得说“不”很别扭，但又不会委婉地给予拒绝，最后，只好自己忍着不说。

如果女孩意外地收到异性求爱的纸条儿、信件，父母应指导女孩正确对待，冷静处理，建议女孩向对方明确表达自己的态度。

小贴士

1.引导女孩正确对待异性的追求

如果女孩收到了异性的求爱信件，父母可以建议女孩表明自己的态度，比如“我们现在年龄还小，还处于求知阶段，不应接受这份感情”。只要晓之以理，对方都会尊重这样的选择。父母需要提醒女孩“在给对方答复的时候，一定要态度明确、坚决，不能含糊其词，使对方产生误解”。

### 2.引导女孩尊重对方的感情

另外，父母需要告诉女孩，要尊重对方的感情，比如“喜欢一个人没有错，一定要尊重对方，不要轻易将对方的信件、纸条公布于众，更不要当众嘲笑对方，这样会伤害对方的自尊心，还会使事情变得复杂起来”。

### 3.引导女孩正确应对无理纠缠者

如果女孩碰到那种无理纠缠或以死相威胁的异性，父母需要告诉女孩见机行事。比如，可以暂时先假装答应对方，先稳住对方的情绪，然后把这件事情告诉老师，让老师给对方做思想工作。在使用这种拒绝方法的时候，父母需要女孩记住这一点：“暂时答应对方要求的时候，只能做口头的承诺，绝不能答应对方不合理、更进一步的要求。”

## 倾听女孩的心声，给予她更多的关爱

女孩早恋了怎么办？许多父母发现女孩早恋，或者怀疑女孩早恋，往往会慌了手脚。现代社会竞争日益激烈，父母担心女孩早恋影响学习成绩、影响个人前途，又担心女孩越轨对身体造成终生的伤害。在这样的情况下，父母很难冷静处理，在极端焦虑中通常会采取一些不理智的做法，比如，盯梢，翻看女孩的日记、手机，等等。但是，父母如此粗暴的行为反而造成女孩更严重“逆反”心理。

对于青春期的女孩，她们已经到了“晓之以理”的年龄了。父母若是跟她讲人生的发展方向、人生的利益，只要讲得有道理，对女孩是能够起作用的。早恋是每个女孩成长过程中都可能面临的问题，父母不要把它当作洪水或猛兽。在下面这个案例中，张妈妈的做法就很值得提倡，在发现女孩早恋的时候，做父母的要多反省自己，耐心倾听女孩的心声，给予女孩更多的关爱。这样，女孩才可以从早恋的经历中成熟起来。

半年前，张妈妈发现刚上高一的女孩有些不对劲。每天放学后，她就钻进自己的小房间，还把门也锁了起来。平日里，女孩与父母之间的交流很少，也就是饭桌上的只言片语。而这个月以来，从小就不用父母操心成绩的女孩成绩忽上忽下、起伏不定。那天晚上，张妈妈无意中撞见女孩跟一个男生回家，那男生高大帅气，看样子两人很聊得来。

发现了女孩的秘密，张妈妈和张爸爸都很吃惊。其实，女孩恋爱，与父母有一定的关系。平日里，张妈妈花了更多的时间在购物和打麻将上，而张爸爸则忙于公事应酬，他们对女孩的学习状况很少过问，只是每天给女孩一些钱。

这无意的发现让张妈妈意识到自己的失职，为了多了解女孩，“看”住女孩。张妈妈痛下决心，不再和“麻友”在牌桌相会，而张爸爸也尽量早点回家与女孩谈心。每个星期，父母和女孩还定期出去郊游或购物。随着家庭气氛的和睦，女孩与父母之间交流也多了起来。半年以后，张妈妈发现女孩能以同学身份与那位男生相处了，学习成绩也提高了不少。高中毕业，两人分别考上了国内的两所重点大学。

在心理学上，有一个睡眠效应：当事情在发展过程中遇到难题的时候，不要采取强迫的手段，而是给出一段冷却的时间，之后再去解决，问题往往会迎刃而解。早恋的女孩通常会想办法找机会和男孩在一起，他们越是经常接触越是不容易分开。对此，父母不妨劝说女孩先理智地分开一段时间，先将这份感情冷冻起来，这样有助于帮助女孩做出正确的选择。

## 小贴士

### 1.向女孩坦言自己的忧虑

有时候，女孩并不知道父母在担心自己。而且，早恋的女孩尚未形成成熟的爱情观，她需要父母的引导。在这样的情况下，父母可以向女孩坦言自己的忧虑，包括对她学习状况的担心，对她情感状况的忧虑。你可以跟女孩说：“恋爱可是人生的一件大事，你对你们的事情认真考虑过吗？”“感情问题，可不是一件简单的事情，这么快就决定与他确立恋爱关系，是不是早了一点？”

### 2.与女孩温和地交流

害怕父母知道自己的恋情，这是早恋女孩惯有的心理。一般情况下，只要父母一说到早恋问题，女孩就会产生戒备心理。所以，父母在与女孩谈感情问题的时候，需要控制自己的情绪，不能粗暴对待，而是需要心平气和地与之交流，就好像朋友聊天一样。而且，在倾听的过程中，父母不要做任何评价，即使觉得气愤、可笑也不要表现出来，这样她才能对你说真话。

### 3.与女孩做一些小“约定”

如果你已经想尽了办法，女孩还是不能放弃早恋，不能停止与异性的约会。这时，父母也不要着急，你可以与女孩之间约定一些事情，比如，在约会时不要做与年龄、身份不符的行为；不要跟他去一些阴暗、封闭的场所。当然，与女孩的这些约定，并不是放纵她早恋，而是避免女孩因缺乏早恋指导而失控。

## 引导女孩正确应对早恋

当然，恋爱是需要时间的，就好像一个人喜欢下象棋一样，如果女孩总是沉溺于象棋，那么，她的学习肯定会受到影响。不过，早恋带来的“副作用”跟早恋遭受中国父母的普遍反对也很有关系。

当所有的父母都在担心自己女孩因早恋而影响学习的时候，美国社会学协会公布了一项研究结果：青少年有情侣关系，甚至发生性行为对他们的学业不一定只会产生负面影响。而一位正在上大学的中国女孩也表示：“不一定，也可以有好的影响，我有亲身经历，彼此之间可以互相鼓励，约定一起考取什么好的学校，平时考试之后互相帮忙看是哪里错了，帮助纠正，学习中不懂的地方可以互相探讨研究。这可以让枯燥的学习生活更加有趣，减轻厌学情绪。即使最后没能在一起，但也可以是美好的回忆。”

一位苦恼的妈妈讲述了自己女孩早恋的事情：我家女孩今年16岁，刚刚上高一，她从小学到初中都是优秀学生，现在也是班里的前几名。但是，前不久，我发现她喜欢打扮自己了，穿衣服也讲时髦了，越来越讲究了。结果，成绩直线下降。期中考试的时候，她在班里排名还不错，但是，到了高一期末考试的时候，就有一门功课不及格了。而其余的几门功课都是六七十分，我到学校询问女孩的学习情况，老师反映说，女孩有早恋现象，她跟男同学走得很近。

一听这话，我就束手无策了，只能在时间上逮她，在学校看见了几回，我及时制止了。有时候，家里有男同学来电话，我就给挂了。其他办法我也没有，我不知道该怎么办？我问她的时候，开始她不承认。到现在，她总算是默认了。我打听了一下，跟她恋爱的男同学是他们班里的团支部书记，两人都很优秀。在学校，老师也没办法，现在，两个人的成绩全部下降了。其实，如果两个人的成绩都提高了，我可能就睁一只眼闭一只眼了。可现在呢？两人成绩都下降了，我现在是强硬的方法不行，不强硬也不行，我怕女孩耽误了，但是却一点办法也没有。

对此，心理医生给出了这样的诊断："在青春期，大多数女孩都会陷入对异性的眷恋期，但是，这会不会成为影响学习的早恋行为，是另外一回事。如果已经影响了女孩的学习，那么，父母应该想办法进行处理。就你家女孩的状况，现在他们成绩已经下降了，但是，下个学期会怎么样呢？以前，一个是团支书，一个是班长，两个在一起挺合适，但是，两人成绩都下降了，感情本来是互相仰慕，现在成为了互相悲悯，还合适吗，当然不合适了。"

在上面这个案例中，涉及"早恋到底影不影响女孩的学习"这一问题。对于这个问题，众说纷纭，褒贬不一。一位心理学家表露了自己的观点："对于'早恋影响学习'这个说

法，我一直持怀疑态度。可能许多中国父母不知道，在西方国家根本没有早恋的说法。相反，在中学时期，老师和父母都非常鼓励异性之间的交往，甚至，在美国，男孩很早就接受如何追求女孩的训练，而女孩同样很早就学习如何吸引男孩……”

这样看来，似乎女孩早恋不一定只为学习带来负面影响。但是，到底女孩早恋会不会影响学习，这还得因人而异，与父母的引导程度也有关系。

小贴士

### 1.引导女孩将“早恋”转化为“互相帮助”

父母如果发现女孩早恋了，而且，对方是一位很优秀的男孩。那么，你可以试着告诉女孩：“我先不管你们的关系如何发展，起码应该使双方都成为全面发展的好学生。如果你们有感情互相理解的话，应该把这种互相理解转变成为互相帮助、互相鞭策，使自己进入更好的状态。”

### 2.让女孩明白什么叫责任

如果早恋让两个孩子的成绩都下降了，那么，这时，父母有责任让女孩明白其中的利害。积极引导女孩走出早恋，告诉她：“现在你年纪还小，你的任务是学习，如果因为早恋而耽误了学习，最后，你可能会成为一个无所事事的人，这样一个人能给对方幸福吗？现在他成绩也下降了，你觉得这样对他好吗？你现在应该好好学习，等你长大了，有能力，再来承担那份责任，好吗？”

## 为什么青春期女孩喜欢男老师

为什么女孩喜欢男老师呢？实际上在青春期，许多女孩经常把某个老师形象当成自己的梦中理想对象，甚至把老师对自己的关心当成是爱慕的理由。女孩正处于青春期，正好是情感空间开放的时期，对异性格外关注。

青春期是特殊的时期，每个女孩都会经历这个时期，每个女孩都有自己爱慕的对象，这是许多女孩情窦初开的原因。在学校圈子比较窄，学习、吃饭、运动成为大部分女孩的生活轨迹，在这样单调的生活圈子里，女孩每天所见到的异性就是老师和同学。而老师成熟、沉稳，尤其是一些风度翩翩的年轻老师，更是赢得了女孩的青睐。有可能是由于女孩潜意识渴望得到父母的关爱，把对父母的期望转移到了爱护自己的老师身上，从而对老师产生了很强的依赖。

王妈妈最近发现女孩特别不对劲，吃了饭就跑进自己的房间，有时还会把门也反锁了。经常是夜深了，女孩房间里的灯还亮着。到王妈妈问女孩时，女孩就理直气壮地说："我在看书啊，做功课啊，你怀疑什么？以前我不主动学习，你也着急，现在我自己知道学习了，你也着急，妈妈你到底怎么了？"看书？做功课？王妈妈有些怀疑。

有一次，王妈妈无意中发现女孩的门没锁，打算进去查看查看，一探究竟。结果发现了女孩的一个日记本，只见日记本上写着这样一些话："这学期我们换英语老师，他是刚刚大学毕业的帅小子，看起来非常阳光，就好像林志颖一样，我非常喜欢……""今天英语老师亲自给我讲解习题，他离我是那么近，近到我可以闻到他身上的古龙香水味……""今天晚上我又梦见英语老师了，梦见我们一起逛街，一起看电影，我觉得好幸福……"

看到这些日记，王妈妈呆住了，看来女孩喜欢上了男老师，这可怎么办呢？

针对这样特殊的女孩喜欢男老师的情况，心理学家分析认为："造成女孩迷恋男老师的最主要原因，还是父母和女孩之间缺乏必要的信任和交流。"有可能是王妈妈和女孩长期缺乏交流，而这种缺乏导致了父母和女孩之间的信任的缺乏。王妈妈因为和女孩不沟通，所以对于女孩的情感萌发表现得相当茫然。

## 小贴士

### 1.了解女孩青春期的生理特点

女孩正处于青春期，在这个时期，生理发展较快，心理发育跟不上生理的发展速度。生理上的成熟让她觉得自己长大了，对异性开始产生好感，愿意与异性接触，想引起异性的注意。这些都是正常的心理现象，父母应加以引导。

### 2.引导女孩正确对待对男老师的情感

父母担心女孩早恋，而暗恋男老师会影响学习。告诉女孩，对男老师的情感是一种崇拜的感情，而非异性之间的感情。假如女孩对男老师确实是出于异性的感情，父母也不可过分焦虑，可以联合老师，对女孩进行青春期正确引导，消除女孩暗恋男老师的心理问题。

### 3.引导女孩与老师正常交往

女孩暗示喜欢老师，有一看到老师就脸红的感觉。针对这种情况，婚姻情感心理咨询师建议让母亲了解青春期女孩的特点和相关知识，与女孩沟通，对女孩青春期进行指导，客观面对。还可以通过一些女孩、老师、异性朋友都参加的集体活动，通过活动中的正常交往，将师生关系正常化。

# 参考文献

[1]黄炜新. 10~16岁青春叛逆期，这样跟女孩沟通更有效[M]. 北京：中国纺织出版社，2019.

[2]雷坚. 10~18岁青春叛逆期，父母引导女孩的沟通细节[M]. 北京：中国纺织出版社，2015.

[3]晓丹. 妈妈送给青春期女儿的私房书[M]. 北京：中国妇女出版社，2017.

[4]章程. 读懂青春期的女孩[M]. 北京：化学工业出版社，2015.